新时代
学术进阶丛书

# 国家社科基金申报百问百答

刘庆振　　著

U0331360

清华大学出版社
北京

本书封面贴有清华大学出版社防伪标签，无标签者不得销售。

版权所有，侵权必究。举报：010-62782989，beiqinquan@tup.tsinghua.edu.cn。

**图书在版编目（CIP）数据**

国家社科基金申报百问百答 / 刘庆振著. —北京：清华大学出版社，2022.3
（2024.12重印）
（新时代学术进阶丛书）
ISBN 978-7-302-60185-2

Ⅰ. ①国… Ⅱ. ①刘… Ⅲ. ①社会科学－基金项目－申请－中国－问题解答
Ⅳ. ①C36-44

中国版本图书馆CIP数据核字(2022)第030955号

**责任编辑：** 顾　强
**封面设计：** 周　洋
**责任校对：** 王凤芝
**责任印制：** 刘海龙

**出版发行：** 清华大学出版社
　　　　　**网　　址：** https://www.tup.com.cn, https://www.wqxuetang.com
　　　　　**地　　址：** 北京清华大学学研大厦A座　　**邮　　编：** 100084
　　　　　**社 总 机：** 010-83470000　　　　　　　　**邮　　购：** 010-62786544
　　　　　**投稿与读者服务：** 010-62776969, c-service@tup.tsinghua.edu.cn
　　　　　**质 量 反 馈：** 010-62772015, zhiliang@tup.tsinghua.edu.cn
**印 装 者：** 三河市东方印刷有限公司
**经　　销：** 全国新华书店
**开　　本：** 102mm×142mm　　**印　　张：** 3.6875　　**字　　数：** 98千字
**版　　次：** 2022年3月第1版　　**印　　次：** 2024年12月第7次印刷
**定　　价：** 45.00元

产品编号：094823-01

# 前　言

在大学做老师，如果手里没有几个项目，那么职称晋升就会受限，职务提升也会受到影响，在学校各级部门或各级领导眼中的价值也会变得可有可无。而在所有的科研项目中，大学对于国家级科研项目的重视程度可谓是最高的。

在人文社会科学领域，国家社科基金项目可以说是备受各大高校和老师们的喜爱、青睐乃至追捧。曾经有一位老师不无感慨地说：“以前啊，见了校领导浑身不自在，腰酸背疼腿抽筋儿；自从拿了国家社科基金项目，见了校领导，腰不酸了，腿不疼了，上楼也有劲儿了，一口气儿爬五楼，身体倍儿棒，吃嘛嘛香！”

尽管谁都知道国家社科基金项目的好处，但是很多老师并未掌握国家社科基金申报书的撰写技巧和门道，以至于辛辛苦苦七八年申报，每次都是"竹篮打水"。有鉴于此，我在新冠肺炎疫情期间静下心来认真地总结了自己在申报各类社科基金项目尤其是国家社科基金项目过程中的经验教训，发表在了自己的公众号上。出版社的老师看了，觉得这些材料很实用，于是我把这些内家删繁就简，整理成了这本国家社科基金申报"百问百答"手册，供大家参考。

需要注意的是，这本手册中涉及的经验教训有部分是通用的，有部分是非典型的，大家无须全盘照搬，可仅作为参考。由于我的能力、时间有限，这本手册难免还存在问题，欢迎大家发邮件到amu134@139.com 以批评指正和交流探讨！

# 本书简介

　　本书共 10 章，主要探讨了 5 个部分的内容，包括申报国家社科基金之前的心理建设和工作准备的探讨，国家社科基金选题和题目的探讨，国家社科基金文献综述与独到价值的探讨，申报书的研究内容和研究思路的探讨以及项目的其他细节方面的探讨。第一部分为第 1 章，主要介绍社科基金与学术生涯的关系及普通大学老师如何准备和撰写申报书；第二部分为第 2~3 章，主要介绍如何申报社科基金项目以及如何通过课题名称的确定提高申报通过率；第三部分为第 4~5 章，主要介绍文献综述的关键原则和如何表述研究内容的独到价值；第四部分为第 6~7 章，主要介绍研究内容的写作技巧及如何写更吸引评审专家；第五部分为第 8~10 章，主要是对申报人在撰写内容时常见的问题提出一些建议。

在人文社会科学领域，国家社科基金项目备受各大高校和老师们的青睐。本书将作为高等院校老师申报国家社科基金项目的参考用书，为老师们遇到问题时提供借鉴和帮助。

# 目　录

**第一章　了解国家社科基金及申报准备工作 / 1**

1. 社科基金与自己的学术生涯有何关系？ / 3

2. 申报各类社科基金项目有什么益处？ / 4

3. 普通大学的老师能成功申报国家社科基金吗？ / 6

4. 普通大学的老师有"竞争优势"吗？ / 7

5. 如何把"竞争劣势"转变为"竞争优势"？ / 8

6. 为什么要用一年甚至更长的时间去准备课题申报？ / 10

7. 选题指南发布前如何准备？ / 11

8. 怎样更好地撰写申报书？ / 15

9. 为什么要好好给申报书挑毛病？ / 16

10. 申报书和活页有哪些撰写技巧？ / 17

## 第二章　国家社科基金项目的选题策略 / 19

11. 选题，选的是什么？ / 21

12. 选题为什么要置于国家现实或者理论问题
    层面讨论？ / 24

13. 怎样提升选题高度？ / 27

14. 怎样看待学科热点和焦点话题？ / 29

15. 如何寻找热点、焦点和难点？ / 31

16. 除了追热点，还有哪些选题方法？ / 33

17. 如何定位科研方向？ / 36

18. 怎样让自己的研究被关注？ / 37

19. 如何提前布局申报选题方向？ / 38

20. 选题为什么切忌太大、太小或太玄？ / 39

## 第三章　国家社科基金课题名称拟写技巧 / 43

21. 如何让课题名称简单明了？ / 45

22. 课题名称怎样显得明确、明快？ / 47

23. 课题名称如何做到简明扼要？ / 49

24. 课题名称中如何体现研究要点？ / 51

25. 课题名称的字数有要求吗? / 52

26. 课题名称中应突出研究目的吗? / 54

27. 课题名称中要明确研究对象吗? / 55

28. 课题名称中需点明研究方法吗? / 56

29. 课题名称中要体现新颖、前沿吗? / 58

30. 写课题名称的好方法——格式 / 套路 / 模板? / 60

31. 如何在课题名称中体现创新点? / 63

## 第四章　写好文献述评的方式方法 / 67

32. 如何理解"国内外"文献述评? / 69

33. 如何理解"学术史"? / 71

34. 如何理解"相关研究"? / 73

35. 如何理解"研究动态"? / 74

36. 如何做到"述评结合"? / 76

37. 如何做到"中外结合"? / 78

38. 如何做到"新老结合"? / 80

39. 如何做到"大小结合"? / 82

40. 如何做到"他我结合"? / 83

41. 文献述评如何写? / 85

42. 中文、外文文献怎么区分？ / 86

43. 文献述评的常见误区有哪些？ / 88


**第五章　独到价值的表述策略 / 89**

44. 如何理解独到价值的"相对已有研究"？ / 91

45. 如何理解独到价值的"独到"？ / 93

46. 如何理解独到价值的"学术价值"？ / 95

47. 如何理解独到价值的"应用价值"？ / 97

48. 怎么写"相对于已有研究"？ / 98

49. 怎么做到"独到"？ / 101

50. 如何写好独特的学术价值和应用价值？ / 103

51. 如何写出"稳、准、狠"的独到价值？ / 106

52. 怎样写"相对于已经立项项目的新进展"？ / 108


**第六章　研究内容的撰写思路 / 111**

53. 什么是研究对象？ / 113

54. 为什么研究对象必须唯一？ / 114

55. 研究对象表述必须清晰吗？ / 116

56. 研究对象概念表述不清晰怎么办？/ 118

57. 研究对象写作"少就是多"？/ 120

58. 总体框架怎么写？/ 122

59. 总体框架写作时画总体设计图吗？/ 124

60. 研究框架撰写的原则是什么？/ 126

61. 重点、难点是什么？/ 127

62. 重点、难点应该怎么写？/ 129

63. 主要目标怎么写？/ 132

64. 主要目标应该怎么写？/ 134

## 第七章　"思路方法"的写作技巧 / 137

65. 什么是基本思路？/ 139

66. 基本思路是不是技术路线图？/ 140

67. 如何画技术路线图？/ 141

68. 需要写具体研究方法吗？/ 144

69. 怎样写好具体研究方法？/ 146

70. 怎么写研究计划？/ 149

71. 怎么写研究可行性？/ 153

## 第八章　创新之处、预期成果和参考文献 / 157

72. 创新之处是什么？/ 159

73. 学术思想的特色与创新怎么写？/ 161

74. 学术观点的特色与创新怎么写？/ 163

75. 研究方法的特色与创新怎么写？/ 165

76. 创新之处写作的细节问题 / 167

77. 预期成果的形式？/ 170

78. 预期成果的使用去向？/ 172

79. 成果的预期社会效益怎么写？/ 174

80. 参考文献怎么写？/ 176

## 第九章　研究基础和条件保障 / 179

81. 如何理解申报书中的学术简历？/ 181

82. 申报书中哪些地方可以体现团队成员？/ 183

83. 课题负责人的学术简历怎么写？/ 185

84. 课题负责人的学术兼职怎么写？/ 187

85. 相关研究领域的学术积累和贡献怎么写？/ 189

86. 研究基础和学术积累重合吗？/ 191

87. 申报书要求的前期相关研究成果怎么找？ / 193

88. 前期成果的核心观点怎么写？ / 195

89. 前期成果的社会评价怎么写？ / 197

90. 已承担项目怎么写？ / 198

91. 与已承担项目或博士学位论文的关系怎么写？ / 200

92. 条件保障怎么写？ / 202

## 第十章　申报书润色过程中的细节问题 / 207

93. 封面与标题需要注意哪些细节？ / 209

94. 为什么要认真阅读填写说明、注意事项？ / 210

95. 申报书数据表需要注意哪些细节？ / 211

96. 申报书表二和表三的文本格式如何统一？ / 213

97. 校对工作是怎样的？ / 216

98. 国家社科基金评审的进度是否可以查询？ / 219

99. 国家社科基金立项公示之后还有什么程序？ / 220

100. 什么时候结项会比较好？ / 221

# 第一章

## 了解国家社科基金
## 及申报准备工作

# 1. 社科基金与自己的学术生涯有何关系?

　　社科基金与我们的科研是密切相关的,是我们学术生涯的重要组成部分,与个人研究方向、研究兴趣和研究焦点密切相关。通过社科基金项目,可以使我们研究的问题更加明确,同时这些研究项目也可以帮助我们在自己的研究领域中越走越远。

　　从这个角度来说,我们应该积极努力地去申报各类社科基金项目。

## 2. 申报各类社科基金项目有什么益处?

（1）可以更加系统、更加深入地去思考自己研究的方向和问题。

（2）可以提供资金方面的支持。这些项目经费可以用来购买自己研究生涯中所需要的图书、数据、设备和各类服务。

（3）能够使自己全身心地投入到研究过程中，有些学校还会给予1∶1的配套资金来支持老师们做研究。

（4）一个社科基金项目的完成，意味着研究者在自己感兴趣的研究领域又多了一些成果，无论是论文还是专著，无论是案例还是理论，它们都丰富着研究者的学术思想体系，同时对研究者的教学工作和产业实践工作都能起到相辅相成的作用。

因此，对于每一位普通老师来讲，申报国家社科基金之前都要好好地问一下自己：我是否只是一个机会主义者？

　　如果回答是，那你也许并不会很好地去做那些扎实的基本功，基本功做不好，妄谈申请书的填报技巧或润色技巧，其实都是没有用的。

## 3. 普通大学的老师能成功申报国家社科基金吗？

当然能。

通过每年的项目申报情况就可以得出，除了"清北人师"这类"985""211"以及"双一流"大学每年有数十项的项目申报之外，很多三、四线城市的普通大学都会有几项到十几项不等的项目申报。

所以说，国家社科基金和教育部社科基金的申报就好像高考一样，虽然没有绝对的公平，但是比起其他类型的社科基金来说，其公平程度应该是最高的。

例 以 2021 年国家社科基金年度项目和青年项目新闻传播学立项为例，除了中国传媒大学获得 4 个立项课题之外，获得 3 项或 2 项课题资助的高校只有 30 余家，其余获得 1 项课题资助的有很多是普通大学的老师。

## 4. 普通大学的老师有"竞争优势"吗?

从立项结果来看,国家每年会对地方高校和普通高校的教师有适当的政策倾斜,如对青年项目有适当的倾斜,对西部项目有专门的政策。所以,如果在基本条件相当的情况下,普通高校的老师反而具备一定的"竞争优势"。

# 5. 如何把"竞争劣势"转变为"竞争优势"？

要立足自己所在的省市、高校和专业寻找一个独一无二的研究方向和研究选题。

比如在云南或者广西的老师，可以尽可能地避开研究中美贸易战或者人工智能、区块链这样的选题，选择一些与少数民族话题或者东南亚话题相关的选题。因为有地缘优势，或许这类选题会更适合自己。

当然，也可以有其他的立足点。比如，选择研究中美贸易战的问题，可以与自己所处的地域、学校和专业相衔接。

例 比如财经类的大学老师，可以研究贸易战对少数民族地区经济的影响；新闻传播类的老师，可以研究国内媒体关于贸易战的话语传播对公众认知的影响等。以 2021 年普通高校立项中部分有关民族选题的一般项目为例，如表 1-1 所示。

表 1-1 2021 年普通高校立项中部分有关民族选题的一般项目

| 课题名称 | 工作单位 | 所在省市 |
|---|---|---|
| 中华民族共同体视域下西南边疆民族地区地方政府治理研究 | 南宁师范大学 | 广西 |
| "双循环"新发展格局下西部民族地区高质量发展研究 | 北方民族大学 | 宁夏 |
| 西部民族地区普惠金融影响经济高质量发展的空间效应研究 | 新疆财经大学 | 新疆 |
| 高效能治理视域下边疆少数民族地区营商环境优化路径研究 | 桂林电子科技大学 | 广西 |
| 西北民族地区"三股势力"社会动员阻断机制及对策研究 | 兰州文理学院 | 甘肃 |
| 西南民族地区"三调联动"机制实证调查与法治化研究 | 贵州师范大学 | 贵州 |

## 6. 为什么要用一年甚至更长的时间去准备课题申报？

每年到 12 月选题指南刚刚发布的那几天，很多人会特别兴奋，雄赳赳气昂昂地立下宏愿：今年一定要好好地写申报书，在接下来两个月的时间内，全力以赴。

但是，接下来的两个月是"最不在状态的两个月"，学校要组织期末考试，孩子要放寒假，要筹备新春佳节等，很多事情都会影响自己的状态。

所以，如果仅靠最后两个月去"突击"一项国家社科基金项目的申报书，单论 7000 字的申报书能不能在两个月内顺利完成，都是一个问题。更何况，还有很多前期材料要准备。

# 7. 选题指南发布前如何准备？

有一些工作必须要在前期准备好：文献综述、前期成果、团队成员。

## （1）文献综述要提前

很多人或许都有这样的体会，申报书中相对比较烦琐也比较难写的地方，就是文献综述。这其实说明了一个问题，文献综述难写，是因为在填写申报书之前没有对这个话题进行过相对系统和比较深入的研究。如果在此前一两年我们已经研究过这个选题的各个方面，且查询过大量的文献资料，那么此时再做文献综述，基本上就是手到擒来！如果前期没有做这些工作，等到选题指南发布了再去做，时间上就有些紧张了。因此，可以把这部分工作往前放。

（2）前期成果早积累

前期成果其实是和文献综述密切关联的。很多老师的选题都不错，甚至可以用非常好来形容，但是，缺乏相关的前期研究成果。这就好比木桶原理，其中一块木板比较短，能装的水就少了大半，同样，申报书的综合成绩就会下降很多。

在做文献梳理的过程中，可以边做边寻找思路，完善自己的观点，同时就感兴趣的话题形成自己的成果，这些成果可以是论文、报告、专著，也可以是校级、市级或者省部级的课题。反过来看，自己在形成前期成果的过程中，也一定会检索大量的国内外文献。检索用完的文献，千万不要把它们一键删除，而是应该适当分类，将其存储到硬盘或者网盘上。如果怕以后找不到这些资料，就要认真地把文件夹命名为"国家社科基金所需资料"，以便后期进行搜索。当然，前期研究成果和文献综述其实是相辅相成的，可以同时进行，等到选题指南发布的时候，我们最起码已经有了相关的普通期刊、核心期刊乃至专著等成果了。这些东西是临阵磨枪磨不来的。

例 我们可以借助一些工具进行文献搜集，比如在知乎网站上询问关于 C 刊发表周期的问题，如图 1-1 所示。

**请问c刊 城市问题 投稿周期 审核流程?**

关注问题　✏写回答　＋邀请回答　♡好问题　💬添加评论　↗分享　✎修改问题

查看全部 1 个回答

泡芙小姐
shouyue255论文发表|毕论辅导

《城市问题》是一本核心期刊，核心期刊通常投稿时间为1-2年（也就是从投稿到你收到书这个过程），核心期刊审核时间为1-2个月，不着急拿书的话可以一试。核心对作者文章质量要求很高，通过率是极低的，想发核心的作者多，核心期刊又是有限的，审稿流程很严谨，众多稿子需要审核，操作流程很慢是很正常的。

图 1-1　知乎上关于 C 刊发表周期的问题与回答

（3）团队成员时时想

除前期材料外，另外非常重要的一点就是团队成员。青年课题的成员要求都得是青年，普通课题的成员最基本的要求是要和研究的课题相关。比如想要研究重大公共卫生事件中的新媒体网络舆情引导机制，团队成员中就得有相关的医疗专家、政策专家、大数据专家、舆情专家等。这些人可以在平时的社交关系中找到，需要提前和对方沟通，并且邀请其参与到研究团队中来建言献策。但也有可能，在我们的社交关系中，缺少一位大数据专家，那么这半年的时间我们就需要想办法结交大数据专家或者技术人员来不断调整团队成员。

# 8. 怎样更好地撰写申报书?

很多朋友写申报书的时候都是悄悄进行,生怕别人看见自己的选题并抄袭了去。其实这种行为并不可取,因为你喜欢的选题,别人可能并不感兴趣,也许他们会觉得你这个选题非常好,但是他们并没有跟你一样的前期成果作支撑。如果他真的能抄袭你的选题,并且成功了,这说明他可能比你更适合这个选题。事实上,我们未发现的好选题还有很多,没有人愿意冒着学术不端的风险去抄袭别人的选题。

既然这种风险很小,那么我们就一定要把自己的选题和申报书拿出来,跟好朋友讨论,让同事、专家哪怕是自己的妻子或丈夫提意见、建议。其实我们每个人都天生爱寻找别人的缺点,不管我们是否成功申报过国家社科基金项目,几乎看一眼,就会很容易发现哪个地方不对劲。帮你找缺点的人多了,你所写的申报书问题也就少了。

# 9. 为什么要好好给申报书挑毛病?

我们写好申报书后不应该害怕自己的亲朋好友或同事专家挑毛病,也不应该怕他们笑话。而是应该怕他们不说实话,搪塞地说挺好的。

举一个例子,我的一个好朋友的申报书还有一周就要提交了,虽然申报书中还存在很多问题,如题目不好、格式不对、文献有问题、研究框架不清晰……但是,他的选题方向是好的,前期的基础工作也是认真完成的。这种选题,要是连校级评审都过不了,就会很可惜,但是当局者迷,到了自己已经发现不了申报书中的问题和瑕疵的时候,就必须拿给别人看,让别人来帮你找问题。

所以前期我们要早点动手,选题的时候要跟别人讨论,确定题目的时候要跟别人交流,撰写申报书和活页的时候也要边写边跟别人深入交流,写完之后更要跟别人探讨。

## 10. 申报书和活页有哪些撰写技巧？

首先，我们要做的就是用短短的 7000 字告诉评审专家：我是谁，我要研究什么课题，为什么这个课题我能做好？这时每一个字都有它的分量和价值，每一句话都值得我们精雕细琢，每一段话都要有其应该明确传达的意思和内容。

其次，在撰写的时候应该转换一下思路，站在评审的角度来看待这份申报书。也许我们很多人没有当过评委，但我们可以借鉴我们评审过的本科生、硕士生的毕业论文以及学生们的试卷，评判一下什么样的毕业论文和学生试卷更能吸引人的注意力，看看自己撰写的申报书是否还有可以改进的地方。

最后，就是要搞清楚申报书和活页的各个部分的作用是什么，撰写的原则是什么，应该注意的技巧是什么，还有哪些错误的思维和策略必须规避。

比如，是否有一个好的标题，这个标题能否给别人留下深刻的印象，如果标题没有亮眼之处，那么你的申报书沉没在茫茫申报书中的概率就非常大。

所以，要想写好申报书就必须付出大量的心血、时间和精力。只要打好了基本功，再加上具体的申报技巧，对于每一位普通教师来说，一年搞定社科基金申报绝不是一件天方夜谭的事情，毕竟有那么多普通老师的确在一年之内就可以搞定这件事。

# 第二章

# 国家社科基金项目的选题策略

# 11. 选题，选的是什么？

选的是最近（今后）一两年、三五年乃至十余年的研究方向和研究问题，而不是心血来潮时看见了选题指南中的一个选题就决定了。

真正的好选题，绝对不是三两天或者三两个月就能搞定的，而是在我们整个学术生涯中，不停思考和探索中发现的。

大家仔细看看自己领域里的那些大咖专家，从他们身上就会发现，研究是有脉络的，是可持续的，比如在新闻传播领域，有的是专门研究舆论舆情的，有的是专门研究新媒体的，有的是专门研究广告营销的，有的是专门研究新闻史的，这些人在三十年中一直在做这个。

我们再去看他们成功申报的重大、重点、一般、青年等各层次各级别的课题，就会发现，这个课题非他莫属。我们作为青年教师或普通教师，或许从来没有过一定要申报成功一项重大课题的信心和野心，但我们必须非常清楚在自己的学科体系内，自己适合什么、擅长什么、能够做成什么，以及为了自己下一步申报成功这个选题，应该再积累些什么样的前期成果。

所以，选题看上去好像很简单，事实上却是一种厚积薄发的表现，因此，请你从现在开始就思考选题吧。

**例** 以 2021 年立项的重点项目"智能时代青少年理想信念发展规律研究"为例，这一项目的负责人近年来的研究方向和论文发表都与"理想信念"这一话题密切相关，如图 2-1 所示。

| 题名 | 来源 | 发表时间 |
|---|---|---|
| ☐ 1 青少年国家认同的主体基础、发展趋向和教育进路 | 中国青年研究 | 2021-04-15 08:14 |
| ☐ 2 高校理想信念教育常态化、制度化的核心意蕴与实践理路 | 思想理论教育 | 2020-12-10 |
| ☐ 3 美国学校道德教育的发展进路 | 教育研究 | 2020-02-15 |
| ☐ 4 论理想信念形成的三种形态 | 社会科学战线 | 2019-12-01 |
| ☐ 5 高校立德树人需要遵循道德发展规律 | 东北师大学报(哲学社会科学版) | 2019-09-02 11:29 |
| ☐ 6 以色列价值观教育的历史与实践 | 思想教育研究 | 2019-05-25 |
| ☐ 7 论理想信念形成研究的心理学视角 | 思想政治教育研究 | 2018-12-20 |
| ☐ 8 美国高校价值观教育的课程路径研究 | 社会主义核心价值研究 | 2018-04-20 |
| ☐ 9 论我国高校师德建设路径整合 | 思想理论教育 | 2017-04-15 |
| ☐ 10 立德树人:生成逻辑·精神实质·实践进路 | 东北师大学报(哲学社会科学版) | 2016-11-20 |
| ☐ 11 把握理想信念形成的心理规律 | 光明日报 | 2016-10-02 |
| ☐ 12 社会心理与社会核心价值观本质关系的理解与运用 | 教学与研究 | 2016-05-15 |

**图 2-1 重点项目"智能时代青少年理想信念发展规律研究"的相关论文**

## 12. 选题为什么要置于国家现实或者理论问题层面讨论?

选题,往大了说是整个国家、整个社会面临的问题和难题,往小了说是自己所处的学科面临的焦点课题。

国家问题,比如京津冀一体化,比如雄安新区,比如重大公共卫生事件,比如留守儿童,比如创新精神等。

这时有人会说:这么宏大的选题,那就是专家应该做的重大选题,哪里轮得到我们,况且,研究京津冀一体化也不是一件简单的事情。

所以接下来就要把国家面临的问题、难题,跟我们自己擅长研究的领域结合起来。针对自己专业和行业里面的一些现实问题,同时自己有权利也有能力建言献策的,比如京津冀一体化过程中的旅游问题、交通问题、社保问题、教育问题等来确定选题。

**例** 申报国家社科基金必须有意识地提升一下自己的政治和政策敏感度，应该做到政治素质过硬、政治立场坚定、家国情怀强烈。在 2021 年立项项目中，有72项与我国乡村振兴战略密切相关，如表 2-1 所示。

表 2-1 　2021 年立项项目中有 72 项与我国乡村振兴战略密切相关（部分）

| 序号 | 课题名称 | 工作单位 | 所在省市 | 项目类别 |
|---|---|---|---|---|
| 50 | 民族地区文旅融合发展促进脱贫巩固和乡村振兴研究 | 湖南科技学院 | 湖南 | 一般项目 |
| 58 | 共享发展理念下西南民族地区脱贫攻坚与乡村振兴战略有效衔接研究 | 中共四川省委党校 | 四川 | 一般项目 |
| 90 | 基层党组织引领脱贫攻坚与乡村振兴有效衔接的机制优化研究 | 同济大学 | 上海 | 一般项目 |
| 133 | 井冈山革命老区脱贫攻坚与乡村振兴有效衔接的实践探索研究 | 南昌大学 | 江西 | 一般项目 |
| 156 | 脱贫攻坚与乡村振兴战略有效衔接的机制和路径研究 | 华中农业大学 | 湖北 | 一般项目 |

续表

| 序号 | 课题名称 | 工作单位 | 所在省市 | 项目类别 |
|---|---|---|---|---|
| 161 | 乡村振兴战略与脱贫区公民道德建设研究 | 湖南文理学院 | 湖南 | 一般项目 |
| 202 | 西北民族地区乡村振兴的内生发展能力提升研究 | 兰州理工大学 | 甘肃 | 一般项目 |
| 272 | 乡村振兴视域下西南民族地区农村基层党建高质量发展研究 | 四川大学 | 四川 | 一般项目 |
| 287 | 乡村振兴视域下驻村第一书记角色重构与作用发挥机制研究 | 中共宜宾市委党校 | 四川 | 一般项目 |
| 292 | 乡村振兴战略下党建引领基层协商治理的机制与路径研究 | 中共成都市委党校 | 四川 | 一般项目 |
| 303 | 新发展阶段农村基层党组织乡村振兴领导力研究 | 湖南工商大学 | 湖南 | 一般项目 |

　　注：此处的序号是指该项目在 2021 年社科基金项目中的序列号。

# 13. 怎样提升选题高度？

如果申报国家社科基金，建议把过去三年的政府工作报告从人民网或者新华网上下载并打印出来，把关键词划出来，寻找国家关心的问题，其实这也是值得各个学科的大学老师关心的问题。

**例** **2021 年政府工作报告（选摘）**

推动绿色发展，促进人与自然和谐共生。坚持绿水青山就是金山银山理念，加强山水林田湖草系统治理，加快推进重要生态屏障建设，构建以国家公园为主体的自然保护地体系，森林覆盖率达到 24.1%。持续改善环境质量，基本消除重污染天气和城市黑臭水体。落实 2030 年应对气候变化国家自主贡献目标。加快发展方式绿色转型，协同推进经济高质量发展和生态环境高水平保护，单位国内生产总值能耗和二氧化碳排放分别降低 13.5%、18%。

例 **"十四五"规划（选摘）**

构建资源循环利用体系。全面推行循环经济理念，构建多层次资源高效循环利用体系。深入推进园区循环化改造，补齐和延伸产业链，推进能源资源梯级利用、废物循环利用和污染物集中处置。加强大宗固体废弃物综合利用，规范发展再制造产业。加快发展种养有机结合的循环农业。加强废旧物品回收设施规划建设，完善城市废旧物品回收分拣体系。推行生产企业"逆向回收"等模式，建立健全线上线下融合、流向可控的资源回收体系。拓展生产者责任延伸制度覆盖范围。推进快递包装减量化、标准化、循环化。

# 14. 怎样看待学科热点和焦点话题？

选题指南提供了一份行业和专业领域的顶级专家们关注的学科焦点和热点话题的清单。也就是说，选题指南是风向标，是指南针，是坐标系。所以在确定选题时，并不需要一字不落地照搬抄其中的某一条选题，但选题精神和选题思想需要紧紧围绕着选题指南中的精神和选题指南中的选题展开。

记住，有跟选题指南中的选题相同或者相似的选题当然很好，但是也有问题——这说明它是一个热点课题，申报的人有可能会比较多，面临的竞争就会比较激烈。

所以，要在选题指南给定的框架下，继续细化和具化，把学科热点和焦点跟自己过去三年的研究兴趣和研究成果结合起来，找到一个既前沿且自己又能驾驭的选题。

例 "共同富裕"话题是 2021 年立项的热点话题，仅马列·科社学科就有 4 项立项，如表 2-2 所示。

表 2-2　2021 年基于热点立项的项目（部分）

| 序号 | 课题名称 | 工作单位 | 项目类别 | 所在学科 |
|---|---|---|---|---|
| 4 | 马克思主义社会矛盾理论视域下新发展阶段实现共同富裕研究 | 天津大学 | 重点项目 | 马列·科社 |
| 63 | 新发展阶段实现共同富裕实践路径研究 | 中共北京市委党校 | 一般项目 | 马列·科社 |
| 149 | 中国共产党共同富裕思想演进研究 | 中原工学院 | 一般项目 | 马列·科社 |
| 160 | 中国现代化进程中共同富裕研究 | 湖南工商大学 | 一般项目 | 马列·科社 |
| 406 | 新发展阶段实现共同富裕的经济哲学研究 | 中共上海市委党校 | 一般项目 | 哲学 |
| 922 | 贫困的动态性与精准脱贫后低收入人口实现共同富裕研究 | 江苏省社会科学院 | 一般项目 | 应用经济 |
| 1115 | 共同富裕视域下农民工市民化研究 | 中国劳动关系学院 | 一般项目 | 政治学 |

注：此表的序号是指该项目在 2021 年社科基金项目中的序号。

# 15. 如何寻找热点、焦点和难点？

有几个相对比较简单的方式，大家可以参考：

方式一：把过去三到五年的选题指南和立项项目都找出来，有精力的话，可以全看一遍。如果没有时间和精力，可以只看自己学科领域的。为什么要看过去的东西呢？有句话说得很好：熟读唐诗三百首，不会作诗也会吟。

方式二：去中国知网上看自己这个领域的核心期刊、C刊和权威期刊以及《新华文摘》、"人大复印资料"。这么做还有一个好处就是，在看着这些文献写材料的时候，同时把国内的文献也都梳理得差不多了。

方式三：要多去参加自己领域的学术会议。要去参加学术会议的必要性可以列出十几条，后面有机会再讨论，对于申报国家社科基金最有价值的一条就是：那些发表重量级主题演讲的人，既是这个领域研究方向的风向标，又是这个领域的大专家。他们的研究兴趣，在一定程度上能够反映本领域的热点。

例 中国人民大学复印报刊资料选取的各学科文章能够反映本学科研究的焦点和热点，如图 2-2 所示。

图 2-2 中国人民大学复印报刊资料

# 16. 除了追热点，还有哪些选题方法？

除了热门选题之外，其实也可以有很好的选题，而且这种选题或许更适合自己。

什么是冷门热门？这都要辩证地去看。那么，怎么样找到适合自己的选题呢？可以从以下几个方法着手：

**方式一　前期成果法**

自己的前期成果到底有哪些，一目了然。选题不能离自己的前期成果太远，离它们太远了的话，自己发表在 C 刊或 SSCI 期刊上的文章都会用不上，这样选题就少了强有力的成果支撑。

所以，把自己之前的论文和专著往桌面上一摆，就能发现过去的研究主要聚焦于哪些方面。这个时候还是建议继续做这个方面的选题，但是需要作一些创新，多结合当下的热点和民生。

### 方式二　头脑风暴法

可以以会议形式进行讨论、座谈，打破常规，积极思考，畅所欲言，充分发表看法。据说某位大导演之前的一些电影就是几个朋友在宾馆里聊天时有的灵感。

这个方法同样适合学术研究的选题工作，但是重心必须是聊选题，同时聊天的时候不要忘记录音或者做笔记，尤其是把关键的概念、关键的思路和一些稍纵即逝的学术灵感记下来，这有可能就是自己研究生涯的转折点。

### 方法三　另辟蹊径法

当所有的人都顺时针跑的时候，如果自己逆时针跑，就是第一名。当然，这不是鼓励大家不合群，而是想说明一个问题：不随大流，也可能有自己的机会。

比如，当大家都说算法推荐造成信息茧房时，自己仔细一研究发现不是那么回事，那这时候就可以为算法或者为信息茧房正名。大家都在讨论娱乐至死的负面影响的时候，可以研究什么样的娱乐方式对于节奏快、压力大的特大城市居民是适度的。有时候，社会科学领域并不存在绝对的权威或者百分百客观的观点，而是取决于我们怎么看待一些研究对象。

**方法四　特色资源法**

就是要把自己最擅长、最有特色的资源和能力拿来申报国家社科基金，让别人觉得这件事非你莫属。

申请国家社科基金其实就是在向评审专家们营销自己，就是要让专家对我们保留印象、达成认可。理想的状态是专家既认可我们的人品人格，又认可我们的学术能力，还认可我们的论证方案，但是有时候 7000 字的申报书并不能做到面面俱到。这时候怎么办呢？最好的做法，就是将自己和优秀的申报人进行比对，将自己的优势资源整合一下，看看最终能形成什么样的选题。所以区域特色、民族特色、行业特色、学校特色等，都可以变成自己的优势资源。

# 17. 如何定位科研方向？

专家能看到本学科的发展方向和发展机遇，我们一样能看得见。这时候就要问一问自己：这个大方向会不会有偏差？如果回答是没有，那么就接着问第二个问题：我的能力是否适合这个大方向？如果回答是适合，那么继续问第三个问题：在这个大方向中，我的定位是什么？如果定位也没有问题，基本上自己的国家社科基金选题的大方向和大框架也就确定了。这时候就要思考更具体的问题：自己所在的学科，到底哪些概念不太容易成为昙花一现的概念，哪些概念足够自己研究三五年甚至十几年？

# 18. 怎样让自己的研究被关注？

具体的方法应该是出成果，多出与这些研究焦点相关的成果。其实就是要在学术界和产业界发声，告诉别人，除了一些很厉害的老师之外，还有自己也在做这方面的研究。

大家检索文献的时候，比如搜索题目中包含"区块链媒体应用"几个字的论文的时候，如果你的论文的下载量、引用量都排名比较靠前的话，这说明大家对你研究的这个话题有了一定程度的认可。如果你的论文发表的时间比较早，而且近几年你还在持续地发表相关文章，这说明你能够沉下心来把这个研究做下去。

## 19. 如何提前布局申报选题方向？

在论文题目中，应该经常出现已经确定好的几个关键词，或者应该较早地出版一本相关的专著或者教材，还应该多在各类媒体上谈论这几个关键词，比如在自己的公众号上发表相关的内容。

# 20. 选题为什么切忌太大、太小或太玄？

建议不要去选那些重点或者重大的宏大叙事的选题，比如人类命运共同体，这样的选题一般都是自己所在学科中的专家才能做好的。对于普通教师而言，选这么宏大的题目非常容易在论证过程中显得力不从心、学识不足。

当然，选题也不能太局限。选题太局限了容易显得自身格局不够、能力不够和眼界不够。

比方说，为什么国家社科基金关于自媒体领域的研究立项比较少？其中一个原因有可能就在这个选题的字眼上，人们一提到自媒体，就非常容易让大脑意识跟"个人""自我"甚至"自私"挂上钩，难免让人觉得高度和视野不够，所以很多人认可新媒体却不会认可自媒体。

但其实自媒体从业者已经形成了一个规模庞大

到数百万甚至上千万的群体，其影响的人群已经达到数亿的规模，这个领域的发展及其问题也关乎整个社会的思想、文化、舆论。但是我们研究这方面的选题依旧要谨慎，一个重要的原因就是因为它极其容易显得选题比较低端，没有气势和魄力。

还有选题不能太玄太虚。现如今，国内有太多具有现实意义的问题、难题等着我们去研究甚至去解决。为什么这些年社会批评知识分子的声音越来越尖锐？一个重要的原因就是大家变得越来越纸上谈兵，越来越避实就虚了。研究应该有问题导向，城市中的问题，比如普遍的社会焦虑感；农村中的问题，比如向城镇迁移及教育医疗；各个行业的问题，比如产业升级、经济转型、工匠精神等，都是实实在在的问题，也需要大家提出更加实实在在的对策和建议。

再有选题切忌太老或者太新。当然，大家一定要辩证地去看这个问题，有些领域的研究是越老越有价值，比如历史、哲学或者国学等，当前仍然有人在研究我们祖先提出的古老命题。

再比如新闻传播领域，中国新闻史、外国新闻史、中外广告史，都是老话题老课题。但是它们看上去老，事实上依然有新的时代意义。比如，2021年是中国共产党成立一百周年，那么这个时候研究中国共产党的新闻思想史（1921—2021）就有着非常新鲜的时代意义。

当然，这样的选题需要那些在领域中较有分量和权威的专家来做，普通老师可以在类似的大框架下选择一个再细分一点、再垂直一点的视野，做中观一点的研究。比如大众新闻消费习惯的变迁（1921—2021），虽然依旧是一个老话题，但研究的方向更微观，研究者也更好驾驭它，而且这种选题每到十年、二十年、五十年、一百年这样的时间节点，就会迸发出新的生命力。

所以，并不是不可以做老话题，而是要找到做老话题的新视角、新思路和新方法。再举个例子，别人研究历史很多是通过文献来做，那么自己能不能通过大数据的方法来做？如果可以的话，这不就变成了一个非常好的选题吗？

应该忌讳的是那些老生常谈的、别人已经研究了很多次的而自己又搞不出新花样来的老选题。

太新的选题也是一样的道理，要辩证地去把握。不是不好，但也不是绝对就好。因为新技术、新思维、新话题都有一个接受过程。

前沿话题，不能仅仅自己认为有价值，关键要让专家认为有价值。这就涉及对新话题的认知问题，最起码要等到这个新话题、新概念被 30% 乃至更多的行业专家认可之后再申报。

# 第三章

# 国家社科基金课题名称拟写技巧

　　国家社科基金课题名称拟写的第一个
原则：简明扼要。

## 21. 如何让课题名称简单明了？

简单明了，就是课题名称必须做到一看就懂，不能让评审专家读完课题名称之后，依旧不清楚你想要表达的内容。评审专家更喜欢通俗易懂的课题名称，有很多不受欢迎的选题都是因为课题名称太过晦涩难懂。

大家不要忘了，专家主要是对自己所在领域的事物有着深刻的理解，如果出现一个专家都不懂的名称，这个选题多半可能会被刷掉，或被说成是造概念、故弄玄虚。所以课题名称要做到简单易懂。但这并不意味着确定的选题本身就简单，比如2017年的青年课题名称——"中国共产党发展理念创新研究"，这个课题名称就简单到了极致，让人一看就懂。

另外，课题名称还要简洁，要进一步地做到句式结构简洁、关键概念简洁以及申报书封面上的那个课题名称排版简洁。

比如 2017 年青年课题"文化自信与国家文化软实力研究"，它的句式结构和关键概念都非常简洁，就连整个课题名称都可以说是高度简洁。

## 22. 课题名称怎样显得明确、明快？

明确，就是说必须要让评审专家在看了课题名称后，马上就能知道这个课题的研究对象。比如2018年一般课题"新时代大数据发展与贵州新形象传播研究"，这个课题的研究对象就非常清晰——大数据产业的发展创造了一个新贵州形象，而且重点在这几个点上：新要素、新产业、新传播、新形象。虽然没有在课题名称中用这么多字来说，但其含义是很明确的。

明快，指的是风格明快。就好像在春光明媚或者秋高气爽的时候看到的北京城那样，不管是嫩绿的，还是金黄的，给人的感觉都是明快的。而课题名称就要给人这样一种感觉——明亮、新鲜、跃动、快活、有潜力、有建设性观点。比如2018年一般课题"我国'一带一路'沿线特色体育文化与生态旅游融合品牌创新研究",体育文化、生态旅游、融合创新等,这些概念一下子就把课题的基调变明快了。

## 23. 课题名称如何做到简明扼要?

简明扼要,就是要找到关键问题。简单来说就是要把一个痛点、痒点或者高潮点体现在课题名称当中,不需要太多,太多了容易使评委专家分散注意力。在营销领域有一个 USP 策略,翻译成中文叫作独特的销售主张,或者独特的销售卖点。这个卖点就一个,但是要足够独特,足够让自己和别人区别开来。

**例** 2019 年青年课题"人工智能精准辟谣策略与效果研究",这个课题名称中的一个点就非常有吸引力——"精准辟谣",这个独特的销售卖点,它研究的对象足够明确,研究的话题有足够强烈的现实价值。还有 2021 年许多项目在立项过程中都采取了简明扼要的名称,如表 3-1 所示。

表 3-1　2021 年立项项目中比较简明扼要的课题名称

| 序号 | 课题名称 | 工作单位 | 所在省市 |
|---|---|---|---|
| 1057 | 基于"需求侧管理"的农产品区域母子品牌体系建设研究 | 华侨大学 | 福建 |
| 1058 | 社交媒体背景下准社会关系创建及新兴品牌成长机制研究 | 湖北经济学院 | 湖北 |
| 1059 | 乡村振兴背景下农村电商直播促进农产品上行的机制和对策研究 | 浙江工商大学 | 浙江 |
| 1060 | 基于动态赋能的平台生态共生演化及知识治理研究 | 福建师范大学 | 福建 |
| 1061 | 新员工资质过剩正向引导与创造性绩效提升研究 | 北京工商大学 | 北京 |
| 1062 | 企业双元创新的影响因素、演化过程和策略选择研究 | 中国人事科学研究院 | 机关 |
| 1063 | 高铁网络与都市圈旅游高质量发展的机制、路径及政策研究 | 信阳师范学院 | 河南 |
| 1064 | 国家公园游客环境责任行为的制度驱动及调适管理研究 | 南昌大学 | 江西 |

注：本表所标序号为该项目在其立项时的序列号。

# 24. 课题名称中如何体现研究要点？

如果课题名称中包含"1 个独特的销售卖点 + 1~3 个能够吸引眼球的要点"，那么这个课题名称就足够有吸引力了。以 2019 年青年课题"运动作息行为对 3~6 岁儿童体质健康影响的剂量效应研究"为例，其中含有运动作息、儿童、体质健康、剂量效应等几个关键要点，比较清晰地勾勒出了作者要研究的课题内容，儿童关乎国家的未来，少年强则国强，运动则关乎儿童的身体健康……这样的课题名称，评委专家看一眼就印象深刻。

# 25. 课题名称的字数有要求吗？

2020 年的国家社科基金申报书明确规定："课题名称——应准确、简明地反映研究内容，一般不加副标题，不超过 40 个汉字（含标点符号）。关键词——按研究内容设立。最多不超过 3 个主题词，词与词之间空一格。"

这两句话给出了清晰的答案：字数有上限，关键词有上限。上文中说到的要点，大家可以理解为关键词。

按照要求，也就意味着确定的课题名称应该在 1~40 个字，含标点符号，比如冒号、破折号（破折号占两个汉字）、逗号等，名称最后的位置无须加句号。

需要注意的是，课题名称不宜太短或者太长，尤其是对于没有较高知名度和美誉度的普通老师而言。之前有一个统计，说立项的国家社科基金，课题名称的长度大部分是 23~30 个字。

这个数据虽然仅作参考，但也有一定的道理，十几个字大致能把研究对象清晰地勾勒出来，但是基本上没办法点明关键词；三十几个字的课题名称太长，很难给评审专家留下深刻的印象。

因此，如果按照上面所说的"1+3"的方法，即"1个研究对象 +3 个关键词"，大概也的确是需要用二十来个字把课题名称串连组织起来。还有一个现象，那就是各个学科都有相对比较短的课题名称，这类课题基本都是一些相对四平八稳的选题，但是做这样的选题同样需要较为扎实的学术积累。而且仔细观察也会发现，申报这类选题同时又能立项的，以本学科本领域中已经具备一定影响力的中青年学者居多，甚至这里面还有一些青年长江学者等。

如果能够在课题名称中同时做到突出研究目的、明确研究对象、点明研究方法、体现新颖前沿等，那就是一个非常好的选题。

# 26. 课题名称中应突出研究目的吗?

需要。

但这并不意味着要用十来个字在课题名称中把研究目的说一遍,而是意味着,研究目的在二三十个字的课题名称中,会自动凸显出来。比如 2019 年青年项目"人工智能应用对地方政府智能化治理的影响研究",它的目的一看就知道,是帮助地方政府提升智能化治理的应对能力和管理水平,这个课题名称中的"智能化治理"几个字既是课题的研究对象,又是课题的关键词,还是课题的研究目的。

# 27. 课题名称中要明确研究对象吗？

是的，就是要明确整个申报书要紧紧围绕着展开的那个核心关键词。这里需要注意的问题是，研究对象作为一个关键词或者关键概念，它的内涵和外延一定要非常清晰，不能是模棱两可的词语，也尽可能避免使用那些存在较大争议的关键词语或者关键人物。比如曾国藩，到目前为止也没有明确的定论，类似这样的概念就不要选用了。当然，如果是学科领域有分量的学者，或许可以尝试一下。

## 28. 课题名称中需点明研究方法吗？

需要。

但是这里的研究方法主要是指有着明显创新的研究方法。比如 2019 年一般课题"数据驱动下雾霾联防联治的区域划分、责任分摊与最优路径研究"，这个课题名称当中有研究方法吗？有，就是"数据驱动下"，它用了大数据的方法去解决雾霾联防联治问题。

例 2021 年就有许多项目在课题名称中直接加上研究方法，如表 3-2 所示。

表 3-2　2021 年立项的一般项目中包含
大数据及其相关研究方法的课题名称

| 课题名称 | 工作单位 | 所在省市 |
|---|---|---|
| 运用大数据提高新时代思想政治教育有效性研究 | 中国矿业大学（徐州） | 江苏 |
| 大数据算法视角下市场歧视的量化测算与规制策略研究 | 华中师范大学 | 湖北 |
| 基于大数据和社会学习的城市居民低碳消费行为研究 | 北京师范大学 | 教育部 |
| 基于网络大数据的旅游需求监测与预警研究 | 吉林财经大学 | 吉林 |
| 基于社交媒体大数据的突发事件网络谣言应对行为与防控策略研究 | 南京审计大学 | 江苏 |
| 基于健康大数据计数响应数据模型贝叶斯分析 | 南京审计大学 | 江苏 |
| 大尺度面板数据分位数回归模型及其在金融贸易大数据分析中的应用研究 | 上海对外经贸大学 | 上海 |
| 医疗健康大数据资产管理模式与再利用机制研究 | 郑州大学 | 河南 |
| 大数据环境下企业网络评论信息组织与语义挖掘研究 | 河南师范大学 | 河南 |

## 29. 课题名称中要体现新颖、前沿吗？

是的。

大家都了解自己的学科领域内什么是新颖和前沿的。但是，必须要注意一点，就是大家都知道选择新颖、前沿的，想要自己的课题名称有竞争优势就应该做到比别人更加新颖、前沿。比如 2018 年的一般项目"'一带一路'重大涉华突发事件传播话语'噪音'研究"，"一带一路"在 2018 年的时候算是一个新颖的话题了，但是这个话题人尽皆知，甚至都去研究，所以在那一年，仅立项的一般项目中就有 87 项包含了"一带一路"四个字，新闻传播学就有八九项。这个时候，课题名称就不仅要求新在"一带一路"这四个字上，更关键的，要新在这四个字后面的"重大涉华突发事件传播话语

'噪音'研究",重大涉华事件、传播话语、噪音,表明申报人的问题意识非常强烈,这样课题的现实性、应用性、创新性就全都具备了。

## 30. 写课题名称的好方法——格式 / 套路 / 模板?

其实并没有什么好的技巧和方法,拟写课题名称完全是因人而异的,尤其是对于在各个学科当中有了一定积累的青年教师或者青年学者而言,其实并不需要这些技巧和方法。

接下来所说的课题名称的撰写方法,仅是一种参考,用于增强大家的创造性。

(1)指南课题名称法

指南课题名称法包括两种策略。

①原封不动地用选题指南中的课题名称,一字不改。这样最后进行比对的就是谁的申报书更厉害。比如 2018 年新闻传播学立项的两个一般项目,它们的课题名称就是一模一样,一字不改地用了选题指南中的"'一带一路'对外传播话语体系建构研

究",不但立项了,还立了两项。这也充分说明国家社科基金对这种"对外传播"现实选题的重视。

②在选题指南给定的范围内,再继续聚焦一下。比如,2020 年的国家社科基金选题指南就有如下几个选题:建立全媒体传播体系研究,健全重大舆情和突发事件舆论引导机制研究,建立健全网络综合治理体系研究,构建主流舆论格局研究,坚持党管媒体原则机制研究等。这些选题名称,既可以直接用,也可以适当补充几个关键词,比如,"村镇组织建立全媒体传播体系研究""大城市健全重大突发公共事件舆论引导机制研究""泛媒介化语境下坚持党管媒体原则机制研究"等,这样就使得我们的课题名称看上去没有那么宏观和空洞,而是更聚焦、更有方向。

(2)常规课题名称法

这个方法非常简单,就是想研究什么课题了,这个课题也有很大的理论意义和现实意义,那就直截了当地用十几二十个字把课题名称写出来。虽然这类课题名称看上去比较普通,但最终会发现像这类普通名称的课题大部分立项的都是"985""211"或者"双一流"院校的骨干学者,申请人本身的学术功底非常扎实。

(3)"创新点+主题"课题名称法

这里所谓的新,可以是新概念、新理论、新技术、新地域、新方法、新战略、新对象、新问题……

# 31. 如何在课题名称中体现创新点？

（1）新概念

比如 2019 年的一般项目"智媒时代新闻生产算法风险及其协同治理研究"，其中"智媒"就是新概念，尽管这个概念还有各种说法，有人叫智媒体，有人叫智慧媒体，有人叫智能媒体，但是对于媒体的智能化趋势，学界基本达成了一致观点，所以这个选题中的新概念就不存在太大的争议。

（2）新理论

新理论是一个学科在最近两三年或十来年出现的理论上的突破或创新，或者在学术和实践层面都有着重要指导价值的理念。比如工业 4.0，比如计算社会科学等，使用这些新的理论框架去研究现实问题，非常有可能形成新的结论甚至新的思想体系。当然，这类课题研究的难度也非常大。比如 2018

年的一般项目"人类命运共同体理念与全球传播秩序重建研究",这是一个非常宏观但的确有着时代价值的优质选题。"人类命运共同体"首先是一种新理论,它能不能成为现实,是一个关乎所有人命运的课题,在这个新理论的指导下,全球的传播格局会如何重构,就非常值得研究。

（3）新技术

每年我们都会看到很多以"新技术＋研究对象"为主要结构的课题获得立项。2017年青年项目中包含"大数据"3个字的就有19项,如"基于大数据的我国人力资源市场匹配效率提升策略研究""基于智能体和大数据驱动的超大规模社会性突发事件建模与应急仿真推演研究"等;2018年青年项目中包含"人工智能"4个字的有16项,如"人工智能时代记者的角色定位与价值重构研究""人工智能技术对收入分配影响研究"等;2019年青年项目中包含"区块链"3个字的有3项,比如"区块链视角下数字创意产业著作权保护及交易问题研究"等。因此,在我们的课题名称中加入新技术,在一定程度上就是研究具有创新性的重要表现。

**例** 在 2021 年立项的一般项目中就有许多课题名称包含了新理论，如图 3-3 所示。

表 3-3 2021 年立项的一般项目中包含
"命运共同体"这一新理论的课题名称

| 课题名称 | 工作单位 | 所在省市 |
|---|---|---|
| 构建人类命运共同体理念的原创性贡献研究 | 中共中央党史和文献研究院 | 机关 |
| 人类命运共同体构想对马克思共同体思想的继承与创新研究 | 南京林业大学 | 江苏 |
| 构建网络空间命运共同体的伦理原则和道德实践研究 | 江西师范大学 | 江西 |
| 人类命运共同体视域下全球公共卫生治理研究 | 郑州航空工业管理学院 | 河南 |
| 人类命运共同体理念的海外传播和国际认同研究 | 三峡大学 | 湖北 |
| 马克思交往理论视域下人类命运共同体构建研究 | 沈阳航空航天大学 | 辽宁 |
| 人类命运共同体的传统思想来源研究 | 中国海洋大学 | 山东 |

续表

| 课题名称 | 工作单位 | 所在省市 |
|---|---|---|
| 人类命运共同体视域下全球公域治理路径研究 | 外交学院 | 教育部 |
| 媒介融合下中国国际援助信息传播对人类命运共同体意识引导作用研究 | 东北师范大学 | 吉林 |
| 人类命运共同体视域下中国体育外交的理性转型与实践创新研究 | 湖州师范学院 | 浙江 |
| 人类命运共同体视域下中西体育文化形态发展走向研究 | 盐城师范学院 | 江苏 |

# 第四章

# 写好文献述评的方式方法

国家社科基金申报书上的原话"国内外相关研究的学术史梳理及研究动态",这句话为做好文献综述提出了非常明确的要求,我们把它拆分成几个关键词,逐个击破。

# 32. 如何理解"国内外"文献述评？

这就意味着既需要梳理国内的文献，也需要梳理国外的文献。有人会问：是应该将国内文献综述放在前面，还是将国外文献综述放在前面呢？

这个没有什么标准，根据自己的实际需求来就可以。有的人确定的研究课题是国际化视野中的中国问题，这时候可以将国外文献放前面；有的人研究的是中国历史、文学等问题，这样国内文献放前面就不会显得突兀。

还有人并不是按照国内外学术史梳理的方式来写文献述评的，而是按照时间先后的顺序来梳理文献的，那么这个时候就可以将国内外的文献杂糅着来写。不必给自己设一个非此即彼的框架，只要文献的排列方式看上去合适就可以。

这里需要注意的是，国内外文献述评需要掌握一个比例，不宜某一方面比例过大，比如国外文献占了 90%，这明显是没有认真做国内文献的梳理。当然，任何问题都是要具体分析的，尤其是研究中国特色问题的时候，有可能国外文献确实有些少，大部分都是国内文献，这个时候建议在行文的过程中用一句话说明这个事实情况。

## 33. 如何理解"学术史"？

学术史，意味着需要梳理一段有一定时间跨度的学术研究脉络。不能把国家社科基金的文献综述写成本年度横向的文献大盘点，而是应该有一定纵向维度的学术史梳理，短则三五年，长则三五十年甚至上百年，甚至需要把康德、黑格尔、马克思、王阳明、朱熹、孔子都搬出来。这才叫学术史梳理。

大家仔细去想想，学术史看的是对自己所研究的问题或者理论的发生、发展、演化、转变等整个过程的全面、系统、完整、深入的脉络梳理和总结，这不是三两句话就能搞定的。

很多人经常会说相关文献没有那么多。这时候，不能只是说自己在中国知网上检索某个关键词一篇文献都没搜索出来，那就真的没有了。可以换个类似的关键词，比如"媒体融合"搜不到，那就试着搜索媒介融合、搜索融合媒体……中文的搜索不到，也可以搜索一下英文的、日文的……

综上所述，学术史的梳理就是需要大家用心去做。

## 34. 如何理解"相关研究"？

相关性的重要程度不容置疑。就是说文献综述的字数本来就极其有限了，千万不要将毫无意义的文献放到这里。一定要把学术史梳理的重点集中在所研究课题的核心问题或基本问题上。

对于如何做好"相关"这两个字，建议要紧紧地围绕着研究对象展开文献梳理。如果某一篇文献与研究对象的相关度不高，就可以去掉。只有这样，学术史梳理才不会给人一种"形散神也散"的感觉。学术史梳理全部围绕着研究主题而展开，这样就可以很好地避免跑偏。

# 35. 如何理解"研究动态"?

研究动态要求我们把当前的、最新的、国内外围绕着核心问题的研究流派、研究热点和未来有可能呈现出的研究方向作一个全面而精练的介绍。简单来说,学术史侧重于过去几年或几十年前人们都做了哪些有贡献的研究,并形成了什么样的研究成果,而学术动态则侧重于当下和未来。

我们要把研究动态工作做扎实,对当前研究某个问题的专家学者了如指掌、如数家珍。此外,还应该适当地对自己所研究的话题进行一下展望。也许有人会说,未来的文献还没有,怎么展望呢?事实上未来的文献已经有了,就是已经梳理过的过去十几年乃至几十年的研究,前人做了什么研究我们已经都知道了,这也就意味着前人没做什么研究我们也知道了,前人没做的研究,不就是未来的中青年学者要做的研究吗？这在一定程度上就会顺理成章、水到渠成地引出自己为什么要做这个研究，以及做这个研究的独特意义和独到价值。

# 36. 如何做到"述评结合"?

这个原则要求我们不仅要有综述,还要有评价、评论甚至评点。很多申报人容易犯的一个错误就是把综述写完就完了,既没有总结、归纳,也没有评论、评价,这种做法是不完善的。这就好像我们把各种东西都罗列在评委面前,说自己准备了很多,但究竟哪些对这个研究有用,并没有重点描述出来。

所以,文献综述切忌单纯地罗列和堆砌前人研究成果,比起大量篇幅的"述",在一个段落、一个部分或者整体综述完成之后的那一两百字的"评",虽然字数不多,却起着画龙点睛的作用。那么这个"评"怎么写呢?可以归结为三点:

赞。就是要说前人的研究成果有着什么样的学术价值,这些研究成果对整个学科的发展作出了什么样的贡献。

整。就是要对既有研究成果进行整理、整合，然后简要说明这些研究主要从哪些方面进行了非常有益的探索。

踩。大家千万不要把这个字理解为网络上经常用的那个"踩"，这里的"踩"是说，这些前人的研究为后续的更有针对性的研究乃至更有开创性的研究奠定了基础。我们能够有机会针对这些问题做一些创新，全都是因为"踩"在前人的肩膀上。如果没有前人的研究，我们是没有机会做进一步研究的。这样做的好处，一方面是再一次肯定了这些研究的巨大价值；另一方面则委婉地指出了，虽然这些研究很有价值，但是在新的时代背景下，它们的指导性或阐释性已经有些不足了，我们这些后来人将会针对现实问题，作出更具有当代意义的回应。但是，我们之所以能够回应现实问题，还是有赖于前辈们的基础研究。这样，既不伤人，也告诉了评委，虽然前面有了大量的研究，但依然还有需要我研究的空间。

# 37. 如何做到"中外结合"？

大家要记住，国家社科基金评审专家绝大部分依然是国内在自己所处的这个学科领域中的大咖级专家。这些专家以"60后"和"70后"为主力，"80后"也开始慢慢地进入专家库，他们具有什么样的国际化视野，需要自己仔细认真地去揣摩、去思考。

在这样的前提下，关注自己选题的行业专家更倾向于什么类型的研究，他们是喜欢站在世界的视角看中国，还是喜欢站在中国的视角看世界？然后再据此思考自己的文献综述，国外文献怎么写，国内文献怎么写。这样就会更加有的放矢一些。

**例** 某申报书涉及国外文献部分的写作方法

1. 国外对于（ ）问题的研究，大多数是以（ ）

等研究方法进行的质性研究，这些研究仅从某一方面探索了（　），如从课程设置、概念界定、构建过程等角度进行了研究。

2. 国际层面，以（　）为切入点，对（　）问题的专门性研究，目前尚未发现。国际上对（　）的研究主要集中在两个层面：一是（　）；二是（　）。以上研究尽管没有专门涉及我国（　）问题，但有关（　），与我国当前（　）实为契合，这方面的前置性研究为本课题的展开奠定了良好的基础。

# 38. 如何做到"新老结合"?

要注意的就是:文献不宜全是"老"文献,也不宜全是新文献。全是"老"文献会显得这个话题在当下的指向不太明朗,全是新文献则会显得这个研究课题没有历史积累,未必能引起大家的重视。

另外的一点"新",还要注意把当前最新的研究成果放进来,比如 2020 年的国家社科基金申报书,要到 2020 年 4 月底 5 月初才正式提交,这个时候如果研究的是重大公共卫生事件的选题,就应该把最新的与新冠病毒研究相关的成果放在文献综述当中。

例 某立项申报书的参考文献既有较"老"的文献又有较新的文献。

......

[2] Balaguer, J. & Cantavella-Jorda, M. Structural change in exports and economic growth: Cointegration and causality analysis for Spain (1961-2000)[J]. Applied Economics, 2004, 36(5): 473-477.

[3] Balassa, B. Export composition and export performance in the industrial countries, 1953-71 [J]. Review of Economics and Statistics, 1979, 61(4): 604-607.

[4] Balassa, B. Exports and economic growth: Further evidence[J]. Journal of Development Economics, 1978, 5(2): 181-189.

# 39. 如何做到"大小结合"？

什么是大小结合？说得直白一点，就是研究某个相关问题的，在这个具体领域当中的，大咖、小咖学者的文献，都要适当地涉及、覆盖到。

大家可以思考一个问题：如果要研究网络舆情，那么在这个领域内，哪些大咖学者是专门研究网络舆情的？他们肯定在这方面已经有了非常丰富的成果著作了，如果自己的文献综述居然都不涉及他们的成果，这只能说明自己做的文献综述是虚的，或者自己戴着有色眼镜，自动把大咖学者都过滤掉了。

小咖学者的文献为什么也要涉及呢？因为小咖学者在这个领域也已经是有一定段位的中坚力量了，他们之所以还没有成为大咖，并不是能力不足，而是相对年轻一点，但事实上他们也已经是青年长江学者了，或者什么长城学者、泰山学者、华山学者，诸如此类。他们已经具有一定的认知度和影响力。

# 40. 如何做到"他我结合"？

我们所写的文献综述并不一定非得引用别人研究成果的原话，也可以把别人的研究成果转化成自己的语言表述出来，这就叫他我结合——他说的原话和我自己改述的他的意思的结合。

为什么要这样做呢？比如别人研究成果当中的原话已经非常之精练、精辟和经典了，那么的确没有必要再用一句不怎么精练、精辟和经典的话来转述，这样会把要表达的意思大打折扣。

但是，一味地引用别人的原话会有两个问题：第一个问题，这样会使自己的文献述评变得像一篇名人语录摘抄，这样给评委的印象就是这个人只会引用别人说的话，没有自己的想法；第二个问题，如果这个研究问题涉及一两百个主要研究者，每个研究者的话都引用一句，以每句话15个字为平均数，那就有 2000 左右的字了，这样篇幅也不允许。

**例** 论文《对滞胀问题的研究：一个文献综述》中进行他我结合式综述的段落

2020 年新冠肺炎疫情席卷全球，许多学者利用各种大数据技术或模型方法分析疫情影响，以期迅速记录疫情期间经济活动的演变（Baqaee 和 Farhi，2020；Brinca 等，2020；Coibion 等，2020；Chen 等，2020），及时识别滞胀风险。Jaravel X. 和 O' Connell（2020）使用涵盖英国居民数百万笔交易记录的扫描大数据（scanner data）计算了 2020 年新冠肺炎疫情封锁期间的通胀情况，结果显示：在封锁之初，通货膨胀（率）出现了空前的飙升，并且价格上涨在接下来的几周中也持续存在，食品饮料等消费品价格的上涨使得许多家庭的收入和流动资产减少。

# 41. 文献述评如何写？

也就是：哪个国家（地区或大学）（where）的谁（who），在研究什么（what），研究的问题导向是什么（why），什么时间研究的（when），怎么研究的（how）以及得出了什么样的观点或结论，而进一步的评论可以探讨他或者他们的研究得失有哪些。

这里要注意，一定要在做文献综述的时候标出时间，比如"（张三，2019）"或者"张三（2019）"，这样写的好处就是，专家一看就知道你参考了哪些年份的、哪些作者的文献。

# 42. 中文、外文文献怎么区分？

有两个具体的区分方法：第一个方法就是，在申报书后面列出具体的参考文献，这样大家就能直接看清楚到底有多少中文参考文献，有多少外文参考文献。这个时候大家需要注意的是，如果在文献综述当中提到了一百多位专家的两百多篇文献，那么在列文献详情的时候，一定要以择优、择要为原则选择合适的文献放在申报书当中。

择优的意思就是选择那些最优秀的文献，引用最高的文献；择要就是要选择那些最重要的国内外文献。当然，这只是一个建议，不是绝对的标准，大家自行选择就好。

第二个方法就是，在正文当中通过标注文献作者名字的方式体现出来。比如在提到的文献中，其作者可能会有英国人、法国人、德国人、俄国人、日本人等，那么就用英文、法文、德文、俄文、日文等方式把他们的名字写出来放在申报书的正文当中，评审专家扫一眼就能知道这里面大致涉及了多少位国内作者、多少位国外作者，甚至有些作者可能是他们的老熟人、老朋友。

## 43. 文献述评的常见误区有哪些？

首先，很多老师的申报书中的文献综述过于简单，一看就好像没怎么做学术史梳理一样。这类申报书倒是干脆，直奔主题，但是省略掉的恰恰是最能体现研究功底的一部分内容。

其次，有些文献综述是有述无评，这一类文献综述耗费了大量的时间，做得也很辛苦，但是缺少评的部分，就等于白费工夫，这一点要高度重视。

最后，一些申报书基本上就是简单的罗列和堆砌文献，这样文献都堆在那里；或者只列了作者及其文章，并没有综述他们的观点和结论，这些都是不够的。

另外，有些人把文献综述做成了有关名词的概念介绍和概念演变，这样也是不行的。

# 第五章

# 独到价值的表述策略

什么是独到价值？国家社科基金申报书中是这么说的："本课题相对于已有研究的独到学术价值和应用价值等。"

# 44. 如何理解独到价值的"相对已有研究"?

这就是为什么前面提到一定要好好地把文献述评的工作做好,如果做不好,你怎么去"相对已有研究"呢?总得有个可以"相对的"参考系,这样自己才能知道如何更好地去做。

所以在做完文献述评之后,要告诉评审专家:许多专家老师已经做过很多研究和努力,也许自己比不过他们,但是他们的研究也有些不全面的地方,自己可以在一个新的方向上努力,这就是"相对已有研究"的意思。

因此,相对已有研究的意思就是要主动提及已有研究的成功之处和略显不足之处。但是正是这些小小的不足,才有了自己这个课题存在的价值。当然，这一点可以放在文献述评中写，也可以放在独到价值当中写。因为这两者是在同一个大的部分当中，前后紧密联系着。

# 45. 如何理解独到价值的"独到"？

能不能找到自己课题的独到价值，这个其实跟个人的学术积累和定位有着非常密切的联系，在学术领域这一点更为明显。我们必须要用营销学当中的 USP（独特的销售卖点）思维来思考自己的研究课题，跟已有研究相比，它究竟有什么样的独特价值。

我们是否找到了自己研究课题中这个独特的面向评审专家的销售卖点？

比如大家都研究电影，这不是什么独特的销售卖点。但是，如果你告诉评委，自己研究的是云南少数民族的电影，别人没有研究过这个，这就是你的独特的销售卖点。适当聚焦主题，这样容易形成独特的销售卖点。

### 例 独特的销售主张

20世纪50年代初，美国人罗瑟·瑞夫斯（Rosser Reeves）提出 USP 理论，要求向消费者说一个"独特的销售主张"（Unique Selling Proposition），简称 USP 理论。其特点是必须向受众陈述产品的卖点，同时这个卖点必须是独特的、能够带来销量的。

USP 理论包括以下三个方面：

（1）强调产品具体的特殊功效和利益——每一个广告都必须对消费者有一个销售的主张。

（2）这种特殊性是竞争对手无法提出的——这一项主张，必须是竞争对手无法也不能提出的，必须是具有独特性的。

（3）有强劲的销售力——这一项主张必须很强，足以影响上百万的社会公众。

20世纪90年代，达彼斯将 USP 定义为：USP 的创造力在于揭示一个品牌的精髓，并通过强有力的、有说服力的数据证实它的独特性，使之所向披靡，势不可当。

# 46. 如何理解独到价值的"学术价值"？

好多朋友的申报书在学术价值这一部分的描述比较空洞，这是有问题的。一般申报国家社科基金的大部分是高校老师。如果你连学术价值都发现不了，那么这个课题或许就没有研究的必要了。

更何况，评审专家大部分是高校教授，还有长江学者、特聘专家等，你的研究有没有学术价值，他们看一眼就能差不多弄清楚。

在这里，大家要了解学术价值或者理论价值，它主要考察的是这个研究课题及其成果对于本学科或者相关交叉学科等领域的理论体系是不是有着较为明显的完善、拓展、丰富、补足或者创新之处。

总的来看，任何研究者，如果都已经到了申报国家社科基金的级别了，那么都应该有着比较扎实的理论基础，并且应该能够在一定程度上发现本学科的理论增长点或创新点。

当然，这种学术价值并不意味着要开天辟地般地创立一套学术理论体系，这个要求太高了，马克思花了一生才做到，我们普通人并不需要如此要求自己。因此，哪怕是对马斯洛的需求层次模型进行了一些改进，它也可以叫独特的学术价值。

# 47. 如何理解独到价值的"应用价值"？

光有学术价值也是可以的，而且国家社科基金当中也有那么一部分是属于这一类的，但相对来说，还是少数。

不要忘记，国家社科基金不是纯学术研究，它是理论联系实际、理论指导实际的问题导向的基金项目。

也就是说，全国哲学社会科学工作办公室给这个资助，是让申请者研究现实问题、解决现实问题的，而且最好是能解决当下或最近三五年之内的迫切需要解决的现实问题。所以这个应用价值必须有、必须真、必须实。

所以，除非要做纯理论的基础研究，否则选题就必须以解决现实问题为导向。只有选题申请人有着明确的问题意识，选题的应用价值部分才会写得更出彩。

应用价值就是这个研究成果形成之后，别人能拿过来就用。

# 48. 怎么写"相对于已有研究"？

### 方法一："很好–但是"法

主要策略就是要表达自己对于前人研究的尊重，这些研究自己都认认真真地学习过了，发现前人在某些方面的研究太出色了，已经到了望尘莫及的地步，再怎么努力似乎也无法超越其研究水平了，用三个词来概括，就是"好、很好、非常好"。

之后，就要告诉大家："但是，我发现前人在其他某一方面研究得不是太多，刚好我在这方面有些积累，发表了几十种中外文期刊论文，"人大复印资料"也转载了几篇，所以我想把研究聚焦在这一方面，请评审专家看看这么研究行不行？"

### 方法二："联系–区别"法

这个方法的好处是，不打算标新立异，同时研究的内容也与前人大量的研究有着非常强的关联。

但是我和前人大量的研究也有着几个方面的区别，比如我们在研究目标方面有区别，我们在研究框架上有区别，我们在研究方法上有区别，我们在研究观点上也有区别。总之，我的研究与前人的研究之间联系很多，但是，区别也很大，甚至大到足以形成与前人不同的创新性研究。

**方法三："继承 - 创新"法**

就是要告诉评审专家，前人的研究非常非常好，自己的研究跟前人的研究基本上是一脉相承的，比如从时间上，前人研究的是 1949—1979 年，我继承了前人的研究，要做 1979—2019 年的研究。再比如说，前人做的是西南地区的少数民族研究，我做的是西北地区的少数民族研究。更重要的是，我不但继承了前人研究的理论和观点，而且发扬、拓展甚至创新了这些理论和观点。

**方法四："拆分 - 重组"法**

就是要把前人大量的研究按照一定的规则拆解开来，可以将其理解为修车，也可以理解为造车，借鉴使用你认为有重要价值的零部件，然后加入自己新造的或新买的零部件。可以告诉评审专家：我借鉴了前人研究中的几个零部件，自己重新整合了其他几个零部件，重组之后的这辆新车，学习了前人大量的造车经验，但是它最大的不同在于发动机比前几代性能要好很多。

**例** 某立项申报书的"相对于已有研究"的独到价值

国内外大量研究以智能技术和大数据为主要导向，提出并探讨了（ ）领域的诸多具体技术问题和应用问题，为不同领域的从业者和研究者了解（ ）起到了重要的启蒙作用。

本课题独到的学术价值在于，通过对前人大量具体研究进行总结和归纳，将（ ）从应用层面抽象上升到理论层面，在全新的人工智能时代背景下，构建（ ）这一新兴交叉学科的理论框架。在此基础上，本课题独到的应用价值在于，运用（ ）的理论框架指导（ ）乃至智能（ ）的生态进化与实践创新。

# 49. 怎么做到"独到"？

要"独到"到让评委专家记住申报题目或者申报书。因为，只有记住了，申报书才有可能进入下一轮。

那怎么"独到"到让评委记住呢？虽然大家的申报书在装帧上会有些差别，但是整体来看，申报书基本上都挺漂亮的。接下来的问题就是直接"实力"比拼了。因此，在这个地方可以抛出以下几个"独到"的点来：

（1）概念独到

就是此前的研究中几乎没有人研究过这个概念，或者没有人提到过这个概念，这一点就非常吸引人。比如，记者每年报道"两会"，大家都报道，怎么吸引人呢？就要找今年的政府报告与去年的政府报告有什么不一样的概念。比如，前几年较热门的共享经济，这两年的疫情防控等，都是独到的新概念。

（2）观点独到

这就要求看待问题的视角以及从这个视角得出的观点，与众不同。别人都一哄而上鼓吹地摊经济的时候，如果你站出来说各地要因地制宜不能一哄而上大搞特搞地摊运动。这就是观点独到。观点独到意味着我们要一反常态，敢于跟学科乃至整个社会的既有观念进行有理有据的"逆行"。

（3）问题独到

这一点还是跟选题密切相关，要研究不一样的选题。怎么才能让问题独到呢？那就是聚焦、聚焦、再聚焦。不断地加入新背景、新语境、新领域和新方法，这样就会比较聚焦了。用什么去加这些限定语境来聚焦呢？就是用自己擅长的领域、擅长的方法和已经形成了的部分研究成果。最终你就会发现，聚焦之后的问题或许会更适合自己。

# 50. 如何写好独特的学术价值和应用价值？

　　这里要注意的是，很多人在写这些内容的时候，容易陷入以下几种尴尬的境地：

　　（1）把自己选题的独到价值写得太厉害，厉害到评审专家看完之后都会非常感慨，评审专家是不是远离"江湖"很多年了，为什么行业里出现了这么厉害的学者，而他却不知道？比如有人可能会说填补了某项空白，这不是不可能，但是这样的人真的是凤毛麟角。又比如说，有人可能会说自己做完项目之后，将会创建出一整套的理论体系，这个也有可能，但是专家会怀疑你到底有没有这水平？

　　所以，在申报社科基金时，选题的独到价值不能有过度夸张的描述，可以适当地把 80 分说成 85 分，这是勉强可以接受的，但是千万不能描述的不符合实际。

（2）学术价值和应用价值都太笼统、太宽泛、太朦胧。有时候，朦胧是一种美，比如朦胧诗。但是，申请国家社科基金不行，不能光说选题好，更要说清楚选题哪里好。不能光说选题解决了问题，还要说清楚选题解决了什么问题。甚至不能光说涨工资，还要说清楚涨了 20% 的工资。

（3）价值描述写得太长，写了 1000 字出来。关键读完还让人抓不住重点，不知道价值到底是什么。这个问题主要是由于论述层次不清、重点不明、语句不精造成的。因此，语句要凝练、凝练、再凝练。要分三大点、八小点讲清楚，每个点一两句话，甚至句子结构都可以类似，运用排比也不是不可以。

**例 某立项申报书独到研究价值的写作方式**

本课题既属于（　）理论相融合的一种交叉性研究，也属于（　）基础理论的一种开创性探索研究。课题突破了传统上仅利用（　）的内在局限，在理论上可能开创我国（　）研究的新范式，从而把我国（　）

研究进一步引向深入。课题的实际意义在于,利用( )基本理论与方法研究( )行为,将从一个全新的视角揭示( )规律,在认识( )上取得突破,为全面提高我国( )水平提供指导。

# 51. 如何写出"稳、准、狠"的独到价值?

稳。

既不好高骛远,也不妄自菲薄;既不跪在地上,也不飘在天上。要非常稳重地站在评审专家面前的一个人,诚恳、中肯地评价前人,展示自己。

准。

就是对于自己课题的学术价值和应用价值的表达,要做到术语准确,问题精准,描述清晰,有一说一,有二说二,要把这些价值清清楚楚地勾画出来,让人看清楚究竟是一个什么样的选题。

狠。

就是要直击问题的要害,找到研究的问题在理论上以及在实践上的痛点,而研究的价值就是把这些痛点解决了。比如,怎么解决农民收入不稳定的问题,怎么解决京津冀一体化过程中的交通一体化问题等。这些都是实实在在让相关部门挠头的大问题。

因此，独到的学术价值必须描述得足够清晰：学术概念要准确，成果要对现有学科或现有理论有发展、完善、丰富或者创新，具体的价值写上 1~3 条就足够了，但是一定要合理、合适。与此同时，应用价值则需要做到精准解决现实问题，实实在在地直奔痛点，就事论事，不拖泥带水。

# 52. 怎样写"相对于已经立项项目的新进展"?

相对于已经立项的项目，首先要找到那些已经立项的项目名称。

找到项目名称之后，与自己的课题名称进行比较，比较其中的异同。如果名称高度相似，建议大家换一个课题名称，别人已经立项了，就没有必要再来一个高度相似的课题名称进行申报了。

如果还有较大差异，那么就要重点突出一下，自己申报的项目，跟已立项的项目之间的差异，尤其是比已立项的项目更具创新的地方。

但是要注意，不要把所有与自己的课题有相似之处的已立项的项目都写上去，写 2~5 项作个比较即可。如果已经立项的类似项目太多，在某种程度上意味着，你申报的课题似乎没有立项的必要。

**例** **某立项申报书相对于已经立项项目的新进展的写作方式**

梳理十年来的立项项目，并未发现与本课题研究焦点较为相似的课题立项。相对于近年来与（ ）相关的大部分立项课题，本研究重点关注了一个（ ）领域方兴未艾的新现象和新课题，那就是（ ）之间的相互融合。以往的立项课题多数立足于（ ）本身谈（ ），但在（ ）的背景下，（ ）的形态、方式、特征和策略必然发生明显的变化。因此，相对于以往立项项目，本研究的新进展主要体现在打破立足（ ）的研究逻辑，转而立足（ ）探讨（ ）发展及其治理，拓展了（ ）研究的思路和边界。

# 第六章

# 研究内容的撰写思路

# 53. 什么是研究对象?

写好研究对象,首先要搞清什么是研究对象,简称"搞对象",或者要找研究对象,简称"找对象"。但是好多人往往在这件事情上没有搞好或者找对,模糊了研究对象到底是谁。

研究对象不清晰,专家在评审时也会觉得申报书不够完善。这样的申报书就很难获得立项,极有可能到不了通讯评审环节。

以找对象为例,那个你思来想去最终选定的结婚对象,他/她就是唯一的。所以,切忌把研究对象搞得不唯一,在这里强调研究对象必须要重视的关键的点就是唯一。

## 54. 为什么研究对象必须唯一？

在申报国家社科基金的时候，是不是经常会发生类似找对象的情景：一会儿觉得这个研究对象不太好，那个也不够合适；一会儿又觉得这个研究对象也不错，那个也是个很好的选择。

有朋友会说，这个研究对象或研究选题，肯定有很多人报了，我不能报；也有朋友会说，我能不能把某三个研究对象糅合到一个选题里面搞成一个研究对象？另外还有朋友就是，什么选题"高大上"就报什么，什么选题是热点就报什么，什么选题看上去更具审美点就报什么。这些想法都是可以理解的，但实际上这些选题与你未必"门当户对"，未必是最适合你的研究对象。

所以，研究对象选来选去，最后大致还是会选择一个最适合你的。比如，研究报纸的老师通常不会选择一个新媒体营销发展趋势作为研究对象，研究新闻评论的老师通常不会选择直播网红作为研究对象，就是这个道理。

但是仅明白这一点还不够，我们还要在申报书当中清楚地表达出来，不要让别人误以为你想要"脚踩两只船"，这样会显得有点突兀。为了不引起不必要的误读，就开门见山地这么说："本课题的研究对象为……"。"为"字后面就是研究对象的名字、名称或带有主谓宾定状补的一个短语或者一个句子等，这些都是可以的。

## 55. 研究对象表述必须清晰吗？

是的。

在表述上，不能含糊，不能说研究对象是北京，北京太大了，对象多得很。但可以说研究对象是北京新发地市场对全国农产品流通的影响。这个研究对象就比较靠谱了，它正好适合作为研究人员的选题，而且更重要的是，你恰好是"三农"领域的专家。

所以这个时候，我们就会发现自己的研究对象表述清楚了。需要注意的是，研究对象切忌大而全，一个国家社科课题，三五个到七八个团队成员，研究一个大小适中、难度适当的实用性课题，课题的对象和指向性非常明确，就已经是一件难能可贵的事情了。

所以，千万别说研究对象是媒介融合，或者新冠肺炎疫情，这样的话题对普通教师或者青年教师来说有点大，不好驾驭。一定要进一步明确，要研究的是媒介融合过程中的电视台乃至县级电视台转型，或者新冠肺炎疫情语境下的公众心理恐慌现象如何疏导等。

# 56. 研究对象概念表述不清晰怎么办？

有时候研究对象当中可能会包含一些并不清晰的概念，比如中低收入人群、中青年、中产阶层等，大家对于这些概念的理解有时候会出现见仁见智的现象。

这个时候就要对研究对象的边界进行适当的界定，以便让评审专家清楚研究的农村地区是东北的农村地区而不是华北的农村地区，或者你研究的低收入人群是那些每个月收入不超过多少元人民币的群体。

这时候，专家看完之后就明白了，研究对象是A，而不是B。一句话清清楚楚、明明白白地交代了究竟要跟谁"搞对象"。

等研究对象表述清楚了，再仔细对照一下研究对象与课题名称，是不是跟课题名称保持高度一致，研究对象可以说就应该是课题名称的扩展版，课题名称如果是 20 个字左右，那么表述研究对象的这句话可以扩展到四五十个字，是对课题名称中那个主要对象进行的更加详细的解释。

# 57. 研究对象写作"少就是多"？

很多人怕一句话四五十个字解释不清自己的研究对象，总想着要把研究对象用三五百字说清楚，其实这大可不必，如果坚持这么做，有可能收到相反的效果。

因为专家会觉得，写研究对象这么简洁大方的事情，申报人也要写出四五百字，其文字功底可能并不能进入会议评审的标准。所以该简洁的时候一定要简洁。

还有一个办法，那就是：先用四五十个字交代清楚研究对象，画个句号，然后再适当展开解释一下研究对象。但是要记住，这个适当展开一定要适当，不能忽然多出七八百字来。

写作参考：

"本课题的研究对象为……具体来看，它包括：

（1）……（2）……（3）……"

但是要记住，这里的"具体来看"包括的方面不宜太多，2~3 点比较合适。切记千万不要贪多求全，而是应该力图做到"稳、准、狠"的简洁大方，一两句话就把研究对象勾勒出来，评审专家看了也非常清楚你的研究对象到底是谁。

**例　某立项申报书研究对象的写作方式**

本课题的研究对象：以（　）为研究对象，着重分析"一面、两线、三点"。一面指（　）的影响；二线指（　）影响机制和（　）影响机制；三点指三个（　）应用场景中的（　）表达及（　）演化。

# 58. 总体框架怎么写?

什么是总体框架?说得高深一点就是这项研究的顶层设计,说得浅显一点就是这项研究的图纸。

研究对象明确了,研究的主体部分是什么,次要部分是什么,辅助的部分是什么?它们之间是一个什么关系?是总分的关系,还是递进的关系,还是平行的关系,或者是交织的关系?

**例** 我们可以用一张图把你要研究的这个对象的各个方面以及它们之间的关系画出来,好让大家都看清楚。以国际国内双循环发展格局总体框架图为例,如图 6-1 所示。

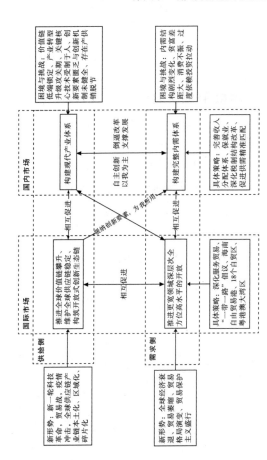

图 6-1 国际国内双循环发展格局总体框架图

# 59. 总体框架写作时画总体设计图吗?

是的,需要!

第一点,强烈要求画张图。

作为一项国家社科基金项目的总设计师,其脑海当中应该有一张蓝图。当然,这张蓝图光在脑海里是不行的,建议把这个蓝图画出来,将技术路线画给评审专家看,专家们也会觉得一目了然。

例 使用技术路线图往往可以让人一目了然,如图6-2所示。

图 6-2　课题的技术路线图

画图的几点好处：专业、节省字符、一目了然。

第二点，图别画太简单了，也别画太复杂了。

画太简单了会显得有些不够学术，画太复杂了，如果专家多次查阅始终没看懂，这时候专家可能就不看了，申报书就很容易通不过。

所以建议图的复杂度要适中，要有一定的美感、可观赏性以及充分的逻辑性、合理性。

这一点，要仔细琢磨琢磨，想明白了的话，现在就开始画个图出来，先画给自己看看。

第三点，需要文字解释图。

图制作完成后一定要加一些注释，不要直接开始写其余内容。

直接写其余内容的不妥之处：一是显得自己不够专业。一般学术性的论文、商业性的研究报告，在给出一张图之后，都会或繁或简地对这张图做一个描述或解释。二是显得自己不重视这次课题申报，不尊重审阅申报书的专家。

# 60. 研究框架撰写的原则是什么？

（1）整体性

要将所有的研究部分组合起来。

（2）层次性

将框架当中列出来的具体研究内容，按照一定的层次逐层推进，或者按照一定的逻辑使之相互关联构成整体。

（3）简洁性

内容撰写点到为止，千万不要把框架中的每个点都拿出来做一下拓展。

# 61. 重点、难点是什么？

（1）重点是什么？

重点就是研究要开展的重点工作，或者开展工作过程中要注意的重点环节，即通过这项研究，要解决的基本问题、关键问题或者核心问题。

研究重点，事实上依然是研究对象、总体框架的一个延伸，一直到主要目标。你仔细琢磨一下就会发现，这四个部分其实是从不同的侧面说了同一件事，就是研究内容。

为什么需要分成四个部分呢？这可能就是申报书这么设计的用意，就是要反反复复、一遍又一遍地、从不同的角度让你想清楚，这个课题究竟要研究什么问题，要解决什么问题，这个问题由哪些方面构成。而重点就是研究课题的关键矛盾，抓住了它，就等于解决了一半以上的问题。

（2）难点是什么？

难点主要说的是在开展这项研究的过程中，所面临的切实的、不容易搞定的困难或障碍。

重点、难点不好写的地方在于，好多时候我们往往没有办法将重点和难点区分得特别清楚，总感觉重点就是难点，难点就是重点。

重点、难点难免重合，但重点和难点依然可以做适当的区分。比如研究农村中的单身问题，那重点应该是怎么样更好地去解决单身问题造成的社会治安问题。但如果你不在农村生活，去实地调研的话，受访者可能会不配合你的调研，这就是研究难点。

# 62. 重点、难点应该怎么写？

第一，重点、难点不要混在一起写，要用一个小标题或者一小段文字，分开来写，如"2.3.1 研究重点""2.3.2 研究难点"。这样的话，评审专家一看就知道了，重点和难点都有明确的标识。

第二，写研究重点，事实上是一个很好的机会告诉专家，自己的研究课题意义重大，不但有强烈的现实价值，还有着较为明显的学术价值。这就好像换一种说法，把研究的独特价值再强调一遍。

第三，重点和难点最好不要重合成一个点。用如此宝贵的字数，向评委重复一件事情：我的重点就是难点，我的难点就是重点。评审专家会认为你连重点、难点都区分不开，也就没有必要搞国家社科基金项目了。

第四，难点部分虽然是要阐述切切实实的困难，但是千万不要把困难写得太难了，如果你把困难写得太严重了，专家会觉得这些难点不是你的实力可以解决的，甚至专家觉得自己都解决不了。所以，这个难点一定要是个难点，但也必须要做到难度适中，让专家看后，能认为确实有些困难，但这个困难不是登天那般，而是努力一下就能够解决的，最终也可以把课题做好。

第五，重点和难点的内容都不宜过多。要做到简要地罗列几条就可以，重点列两三条，难点列一两条就可以了。太多重点就等于没有真正列出重点来。难点太多，能不能真的解决？有精力解决这么多困难吗？时间和金钱都用来解决困难了，还能不能抓住重点做好研究呢？所以，重点、难点，都要简要、精炼。

## 例 某立项申报书研究重点的写作方式

对（　）的关注、研究和应用已经大量存在，但我们仍缺失关于（　）的一般性法则，缺失一个关于（　）的理论——也就是一门关于（　）的"学"，它可以赋予主体一个逻辑框架，一个有助于强化（　）的科学色彩的理论框架。因此，（　）理论框架的建立，是本课题研究的重点所在。

**例　某立项申报书研究难点的写作方式**

难点一：（　）本身较为复杂，从（　）视角对二者关系进行分析，需要重点探索（　）维度、（　）维度、（　）维度的三元协同机制，详细分析（　）的不同运作逻辑对（　）不同环节、不同方面的影响。

难点二：基于（　）技术逻辑与真实运作逻辑之间的偏差，导致（　）状态预测的误差，需要在模拟仿真中将（　）作为重要的限定条件。

## 63. 主要目标怎么写？

（1）什么是主要目标？

主要目标是通过这项研究，最终要解决什么样的理论问题或者现实问题。

事实上，正是这个主要目标引导着研究一步步地往前走，直到走到研究的终点，解决所列出的问题。所以，主要目标就好比在黑夜中航行的那个灯塔，使我们不会迷失自己的方向。

再来仔细看一下国家社科基金申报指南当中的一段话："申报国家社科基金项目，要体现鲜明的时代特征、问题导向和创新意识，着力推出体现国家水准的研究成果。基础研究要密切跟踪国内外学术发展和学科建设的前沿和动态，着力推进学科体系、学术体系、话语体系建设和创新，力求具有原创性、开拓性和较高的学术思想价值；应用研究要立足党和国家事业发展需要，聚焦经济社会发展中的全局性、战略性和前瞻性的重大理论与实践问题，力求具有现实性、针对性和较强的决策参考价值。"虽然这是一些普适性且高度概括性的要求，却是纲领性的，值得我们认真参详。

（2）主要目标包含哪些要素？

主要目标是不是有鲜明的时代特征、问题导向和创新意识？

主要目标是不是涉及了前沿动态？

主要目标是不是具有原创性和开拓性？

主要目标是不是要解决有价值的理论问题或实践问题？

主要目标有没有现实性、针对性和决策参考性？

## 64. 主要目标应该怎么写?

有必要将主要目标拆解为几个子目标来写。

应该注意主要目标和几个子目标之间的关系。主要目标用一句话高度概括完之后,接下来的工作就是把它拆分成几个子目标。比如我们要研究如何解决新冠肺炎疫情后大学生的就业问题,就可以把它拆解为掌握后疫情时期大学生就业的实际状况、发现后疫情时期大学生就业影响因素、探索后疫情时期大学生就业促进方案等子目标。我们可以发现,所有的子目标在根本上是服务于主要目标的。

应该协调好目标的有限性和多样性。既然列出的是主要目标,就意味着这个主要目标最好只有一个,其他的子目标全是这个主要目标的达成手段。需要注意的是,子目标不要罗列太多,如果罗列的子目标过多,这样就与前面的研究框架没什么区别了。因此，子目标有三条左右就够了，而且这几条子目标应该是各有侧重地去强调或解决不同层面或者不同方向的问题，比如理论问题、实践问题、人才培养问题等，它们合起来构成研究的主要目标。

主要目标千万不要写得太好高骛远、脱离实际。主要目标设定的原则就是：使劲儿跳起脚来，能摸到它；再努努力，再使点劲儿，总能够达到它。

例　**某立项申报书主要目标的写作方式**

总目标：促进（ ）国家立法与企业合规，保护用户权益，保障（ ）转型发展的有序健康。

分目标：（1）描摹（ ）的支柱角色，勾勒全链路流通模型；（2）汇整主要经济体立法信息形成资料库，以备同类研究使用；（3）构建（ ）影响模式，并附各情境下规制方案；（4）为我国（ ）立法、标准制定、政策合规等提供参考依据。

# 第七章

# "思路方法"的写作技巧

　　所谓国家社科基金的"思路方法"部分主要是指"本课题研究的基本思路、具体研究方法、研究计划及其可行性等"三项主要内容。

　　当然也有人把"研究计划及其可行性"拆分成"研究计划"和"研究可行性"来写，这样就变成了四项主要内容。

# 65. 什么是基本思路?

思路，顾名思义，就是想要达成的目标和达成这个目标要走的路径，说白了就是目的地和路线。

通过研究思路，评审专家才能看清申报者的具体设想，是否申报者只有想去解决问题的冲动却没有一个明确的思路和策略？

研究思路，主要考察申报者对自己所要计划开展的选题从整体到局部、从目标到方法、从过程到细节、从结构到路径、从难点到措施等一系列问题的把握能力。研究思路清晰不清晰，可以说直接决定了评审专家对申报者有没有能力做好这项课题的判断。由此可见研究思路在整个申报书当中的分量之重。

# 66. 基本思路是不是技术路线图?

在社会科学学科,很多人都有一个特征,就是非常擅长发散性的思维,思维的跳跃性比较强,能够天马行空。这个时候逼着自己画一个技术路线图,事实上是在逼着自己用最直观、最清晰、最简洁的方式把自己完整的思路和想法呈现在评审专家的面前。这个技术线路图有利于帮助自己想清楚、帮助专家看清楚研究思路。

国家社科基金的申报书有 7000 字的限制。一般我们很难用两三百字来说清楚研究思路。如果你执意要用文字来讲研究思路,那么一定要条理清晰地表达出来。但是我们建议,能用图的时候就用图,能少写字的时候就少写字,把那些剩余出来的字数,用到真正需要的地方。

# 67. 如何画技术路线图？

　　首先，要注意区别基本思路图与之前所说的整体框架图。诚然，二者之间有一定的重合度，但在本质上，二者侧重考察的申报者的能力却不相同。

　　整体框架部分侧重于考察申报者对于课题整体内容的把握，也就是说，你自己认为这个项目最终的研究成果将会以什么样的面貌呈现给大家。如果说整体框架图还只是一个蓝图，那么接下来的基本思路或技术路线图就必须是"干货"了。前者是理想，后者是实现理想的方式方法和战略策略。

　　因此，路线图不能画得太"假大空"，因为前面的框架有可能看上去已经非常"飘"了，路线图要做的就是把框架固定住，打好地基、做好建设、搞好包装。因此，技术路线图要做到必须是实实在在的东西。

其次，要注意把研究内容和整体框架中涉及的关键东西嵌入基本思路图或技术路线图中。这样做的好处是，专家会感觉到基本思路图或技术线路图是跟整体框架图一脉相承的，而不是自说自话的"两张皮"。

但是又不是把前面的整体框架图用一个不同的图重新表述一遍那么简单。因为技术线路图中非常重要的内容就是表述清楚用什么样的方式方法来研究哪一部分内容、研究的基本原则是什么、使用的主要方法是什么、达到的具体目标是什么、实现的最终效果是什么。

再次，更具体一点，技术路线图也要讲究结构和层次。再仔细研究一下就会发现，技术线路图本身就具有一定的"承上启下"的作用，上接整体框架，下接研究方法。因此，技术线路图的主要结构就应该是用一条研究主线，把想要研究的主要内容和主要方法串联起来。

最后，就是用什么工具来画这张图的问题了。会用专业工具更好，若是自己不常用专业工具，也未必能用得好专业工具，就选择适合自己的工具即可。

**例** 智慧矿山软件平台的研究技术路线图就是一个很好的例子，如图 7-1 所示。

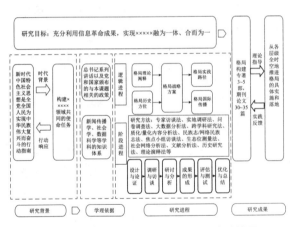

**图 7-1 智慧矿山软件平台的研究技术路线图**

# 68. 需要写具体研究方法吗？

在申报书中，有的没有单列具体研究方法这一项，但这并不意味着可以不写。建议将具体研究方法糅合在申报书中，尤其是方法创新之处，有必要好好写一下。

国家社科基金的申报书中明确写的是"具体研究方法"，而不是"研究方法"或者"笼统研究方法"。这意思就是说，在写研究方法的时候不能太笼统、太含糊，更不能使之放之四海而皆准。

研究方法必须具体到是针对自己申报的这个课题的研究方法，而不是也可以用到别人的课题上的研究方法。

这里说的具体并不是指独创，大部分人都没有独创的水平。具体是指在写研究方法的时候要更有针对性，写出的研究方法看上去不是大而空的。

比如深度访谈法就是一个谁都可以拿来用的研究方法。但是如果在自己的申报书中只写了要用深度访谈法，这就好像在搪塞评审专家。因为阐述不够具体。

怎么才能具体呢？这就要求针对自己的课题来使用深度访谈法，比如研究的是重大突发卫生事件语境下的公众恐慌情绪传导机制和疏导策略，那么在研究方法中列出了深度访谈法，就应该进一步地解释清楚准备深度访谈谁，比如医生、政府官员、心理学家、传播专家、公众等。这样做，就比较具体地说清楚了你的深度访谈法跟别人的深度访谈法不一样的地方。

当然，还有人觉得这样也比较笼统，那么你就可以更进一步地讲清楚准备访谈哪类医生，甚至可以具体到什么专业的医生、哪些医院的医生。

因此具体的意思是说必须有针对性地结合自己的研究课题来写研究方法。这也就是前面提到基本思路内容是承上启下的原因，启下的就是具体研究方法。在基本思路部分说了大致的研究路径，接下来就说在研究路径之中，打算用哪些更加具体的研究方法把每一步都走扎实。

# 69. 怎样写好具体研究方法？

（1）如果用的是实证方法或者定量方法，那么就应该简明扼要地说清楚自己用什么模型、用什么统计工具、用什么回归分析。如果用的是质化的研究方法，那么就应该结合自己的课题、结合相关理论、结合研究路径把研究方法具体化。

这里要注意，尽可能避免用那种泛泛而无用的研究方法。一个本科生可以写文献法，因为他能用的方法也就那么点儿，但一个申报国家社科基金项目的人就应该避免专门提这种研究方法，当然也可以把它跟其他方法结合起来使用。

（2）一定要让研究方法看上去非常专业。专业度体现在以下几个方面：研究方法的术语要专业，涉及的理论和概念要准确，有些英文模型或缩写要写正确，包括字母的大小写等，都要写准确。

当然，切忌研究方法和专业术语的口语化表述，因为写国家社科基金申报书不像写介绍性的文章一样，讲求通俗易懂，而是应该用书面化、学术化、理论化的语言和结构把整个文本做专业。

（3）不要为了写研究方法而拼凑方法，而是为了做好整个研究项目而运用正确适当的研究方法。有些申报者想让申报书更出彩一些，于是就刻意地堆砌很多华而不实的研究方法；也有些研究者写的研究方法跟研究内容没有做到有机融合，出现了内容、方法"两张皮"的现象；还有些申报者一味追求标新立异、新颖独特，而忽略了方法究竟是不是真正适合自己的选题。这些做法都是不对的。

虽然有句话说，"自古套路得人心"，但是请记住千万不要随意使用"套路"，因为评审专家的"火眼金睛"一看就能识别你故弄玄虚的"套路"。最好的"套路"就是用最合适、最实在、最有针对性的具体研究方法，来做自己的选题。所以，在写具体研究方法时，一定要做到方法与内容有机结合、高度融合，因为它是为你的研究内容服务的。所以这个时候你就会明白，具体研究方法就是对你在基本思路部分画的那张技术路线图的进一步详细解释和说明。

研究方法部分应该有点创新。因为国家社科基金申报要求中点名提到的三个创新之处，其一就是方法创新。因此，在写具体研究方法的时候就必须时刻注意这个问题，心里清清楚楚地告诉自己，这里还要写方法的创新。

具体研究方法这部分究竟有没有全新的或者创新的研究方法？如果有，最好。如果没有，赶紧在这部分有针对性地为课题设计一两个有点创意的研究方法。否则，后面写起来会有几分吃力。

# 70. 怎么写研究计划？

在写之前要先搞明白研究计划是什么？研究计划是对基本思路图的进一步完善和解释。具体方法是在怎么研究方面的解释，研究计划则是在什么时间做什么事情方面的解释，也就是研究过程或者研究进度。

对国家社科基金项目而言，一般基础型的研究周期为 3~5 年，应用型的研究周期在 2~3 年。研究计划就是要清楚地告诉所有的评审专家，自己打算在这几年的时间里，怎么稳步有序地推进研究，直到规定结项的日期，能按时结项。

下面总结了研究计划的三种写法：

（1）分阶段说明法

这种方法通常会把整个研究进度拆分成几个关键的阶段，比如准备阶段、启动阶段、调研阶段、攻坚阶段、形成成果阶段以及结题验收阶段等，每个阶段都应该有相应的起始日期和结束日期，而所有阶段的时间加起来基本上就覆盖了整个研究周期。注意，每个阶段应该做怎样的研究工作，请一定也要像研究方法那样写得具体而清晰。阶段怎么划分，完全可以根据自己对课题的理解来进行。

（2）阶段列表法

依然是划分阶段，但是这种写法更好的一点就是它把各个阶段、起止日期以及每个阶段要做的主要工作等事项放在了一个简明的表格当中，这样看上去一目了然，简洁明了。

（3）进度排期法

这个概念是从广告营销领域的广告排期表或媒体排期表借用过来的。运用进度排期法的好处就是呈现出的内容看上去很专业，一看就是用心在做这个进度排期表的。意会一下：横轴方面，可以以月为单位把自己的研究周期分成 36 个月或者 48 个月；纵轴方面，可以把主要的研究工作要点分 5 大项 36 小项列上去。什么月份做什么研究工作，就在相应的纵横交叉的方格内填充相应的颜色。这种方法很好，一是这个表可以另存为图片插到申报书中，节约了文字量；二是显得我们够专业、够认真。

**例** **某立项申报书主要目标的写作方式**

研究准备阶段（2018年7月至2018年9月）

（1）确定整体推进方案：根据课题要求，结合课题组成员情况，确定课题推进方案。（2）理论学习：结合课题展开基础理论和前沿理论学习，掌握最新理论进展，在前人研究的基础上，提出新方向，明确新目标。（3）制定具体路径：确定具体学术会议主题、深访对象、访谈内容、工作程序和研究路径。

研究实施阶段（2018年10月至2020年3月）

（1）会议研讨：召开产学研精英共同参与的学术研讨会，对（　）的关键问题展开广泛讨论。（2）深度访谈：针对政府、学界和业界精英开展跨学科形式的深度访问，探讨理论构建和实践创新中存在的问题，总结并提炼基本的学术观点和创新思维。

（3）收集整理案例：选取国内外（　）创新方面的典型企业和事件，作为案例进行全面剖析。（4）比较研究并整理资料：根据前期完成的会议研讨、深度访谈和案例梳理，对（　）理论框架和创新实践等内容，展开国内和国外、横向和纵向的比较研究，在比较研究的基础上整理材料，完善内容。

# 71. 怎么写研究可行性?

大家注意这个措辞,"研究计划及其可行性",可以这么理解:研究计划,以及研究计划的可行性。事实上,研究计划一定是课题项目的整体研究计划,而不是局部研究计划,而且整个研究计划中必然会涉及研究框架、研究内容以及重点难点、研究方法等具体事宜。

所以说,要明白研究的这个项目为什么是可行的。但如果在这里写研究的可行性,就会非常容易与申报书后面的"研究基础和条件保障"部分重叠。因此,怎么写好可行性就成了一个比较棘手的问题。

可行性的撰写应该遵循以下几个原则:

(1)整体性

后面的"研究基础和条件保障"主要是针对负责人、前期成果、时间保障、设备保障等具体问题而展开的表述，而这部分的可行性应该针对整个研究计划的可行性来进行表述。但是这种整体性的表述很容易写成形式主义的笼统概括，因此在确保表述涉及整体计划的前提下，一定要有几条更有针对性地讨论这个研究计划及其各个阶段主要工作是如何可行的相关表述。

（2）现实性

可行就意味着你具备去完成研究项目的现实基础，因此表述需要立足于现实：你和你的团队，你所在的机构，即已经具备的现实条件。如果是负责人的成果，你就放在后面的前期成果部分去表述，但是整个团队的成果还是有机会在这里展示一下的。这里要注意的是，成果可以展示，但活页中团队成员的姓名不能出现。还有一些后面不涉及的，但是能够支撑团队去研究这个课题的其他条件，都可以写在这里。

（3）清晰性

就是可行性要分成三条或者四条来写，这几条各有侧重地说明研究项目分别在哪几个方面具备相应的可行性，告诉评审专家这个事情能干成就可以了。

事实上，评审专家看完所写的基本思路、研究方法和研究计划之后，对于这个项目是不是具备相应的可行性，心里已经大致有数了。所以这个地方的可行性，就是要以几百字的内容较为实在地概括一下，告诉评审专家这个项目可以做而且能做成。

**例　某立项申报书研究可行性的写作方式**

第一，根据（ ）关系链条展开，既关注（ ）问题，又关注（ ）现实问题，溯源于（ ）等。研究方案经过团队反复论证，具有可操作性。

第二，课题所依托的理论体系、案例等已经具有大量的文献资料。课题负责人在（ ）等方面拥有丰富的研究积累。团队成员来自各个学科，包括（ ），保证研究的顺利进行。

# 第八章

# 创新之处、预期成果和参考文献

# 72. 创新之处是什么?

创新之处的要求是"在学术思想、学术观点、研究方法等方面的特色和创新"。

首先解读创新之处。很多人都反映创新之处挺难写的,因为自己能想到的选题,别人也差不多都能想到,甚至有的人已经做过研究了。更重要的是,人家还比你做得"多、快、好、省"。其实,在你确定了选题方向、题目,写好了前面的学术史梳理、研究内容和思路方法之后,创新之处基本上已经逐渐显现出来了。而当你写到这里的时候,已经是一个总结、凝练和突出的工作了,因为已经水到渠成了。

如果你没有这种感觉,恐怕不是创新之处比较难写这么单纯的事情了,更严重的问题可能是你前面的文本也写得不太好。申报书的结构基本上是环环相扣的，前面的工作做不好后面就不好写，因此每一步都要走扎实才行。

申报书在解释创新之处的时候把它拓展成了"特色与创新"，我们怎么理解这两个词呢？

特色是个差异化的问题，就是我跟别人不一样。相比创新，特色的要求相对低一点，也就是说我们不一定非得绞尽脑汁去搞个"新奇特"的东西出来，只需要不一样就行了。比如大家都搞融媒体，我去研究东北的，他去研究西北的，你来研究西南少数民族地区的，这就是你的特色，尤其是加上少数民族地区这一限定条件之后，你的特色也就出来了。

创新要求高一些，得有新东西才行。比如从马车到汽车这就是创新，从燃油车到新能源车也算是创新。你的研究提出了新概念、新理念、新理论、新方法、新技术等，都可以叫创新。创新不仅意味着你要跟别人不一样，要标新立异，还得意味着你创新出来的东西能够代表更先进的生产力或者更先进的"解释力"。

# 73. 学术思想的特色与创新怎么写？

什么是学术思想？对于人文社会科学来说，其学术思想应该是一个完整的体系。比如马克思的《资本论》，它有一套完整的看待工业世界的理论体系，它的前提、假设、推理、结论以及提出来的改造整个世界的方法，彼此之间是密切关联的。再比如自然科学当中爱因斯坦提出的相对论，它也有一套完整的思想，尽管这其中的很多观点未必是爱因斯坦原创的，但是他是站在无数伟大的科学家的肩膀上提出了属于他自己的思想体系。

我们虽然没有这么深的造诣，但是也千万不要妄自菲薄，尤其是高校"青椒"。因为仔细去看就会发现，那些改变世界的学术发现和技术创新，有相当一部分是伟人、名人们在年轻的时候提出来的，包括爱因斯坦的相对论。

往小了说，大家所在的各自学科中的有举足轻重地位的学者专家当中，有相当一部分在他们30岁左右的时候就已经提出或者梳理出了一整套相对比较完整的学说体系或思想体系了。

所以，无论是在年龄上还是在精力上，大家都还是有机会创造一点全新的东西出来的。我们要相信这一点。尤其是在应用型的学科当中，青年教师对新技术、新媒体、新思维有着天然的亲和力，所以，学术思想的创新完全有可能。

# 74. 学术观点的特色与创新怎么写？

相比学术思想的创新，学术观点的创新会容易一些，因为不必做宏大叙事，不必非得提出一套完整的世界观或方法论，只需要对某一个学科问题或社会问题有自己独立的、独到的、独特的学术观点和学术见解就可以。如果你提出的创新观点让专家们稍微一推敲后就不攻自破的话，这样的课题就不要申报了。

但是在这里要注意一个问题，不要为了拼凑一些创新的点而抛出一些哗众取宠的观点。当你想要抛出的观点与整个学术圈的观点都不相同的时候，你要非常谨慎。其实无论是在生活中，还是在学术研究方面，想要大家接受一个完全不同的理念，总是要费很大的力气，甚至要做很大的牺牲。

当然，如何让评审专家看完申请书之后更容易理解、更愿意接受、更赞同你在学术观点上的创新之处，跟你的表述策略有着非常大的关系。

# 75. 研究方法的特色与创新怎么写?

很多时候,人文社会科学领域的研究都不是非黑即白、非此即彼的,针对同一个学科问题或者社会问题,不同的人进行研究可以得出不同的结论,尤其是对那些较为宏大的社会问题,不是任何一个学科能独立解决得了的,因此就会出现社会学的研究者、经济学的研究者、传播学的研究者、管理学的研究者……都可以参与其中进行研究。

同样的道理,针对同一个问题,使用不同的研究方法,也有可能触及这个问题的不同方面进而形成不同的学术观点或学术思想。人文社会科学领域的各个学科都在试图从自己的视角出发,给出一个关于这个世界的合理解释,而怎么解释和阐释这个世界,有赖于大家各自所使用的方法。

比如研究今天的自媒体如何影响网络舆情问

题，如果一个人使用的是田野调查法，另一个人使用的是大数据分析法，那么针对同一个问题就可能得出两个并不完全相同的结论。人文社会科学领域是允许不同、分歧甚至争论的。因此，也鼓励大家使用新的研究方法得出新的研究结论。

这个时候研究方法怎么创新呢？

（1）使用新技术催生出来的新方法

机器学习、大数据分析、神经网络分析等一系列的新方法在一定程度上都相对较新，无论是申报者还是评审专家，都期待能够通过这些新的方法得出一些新的有意思、有价值的结论。

（2）使用跨学科或学科交叉的策略

也就是说，先把自己学科领域中较为传统的研究方法放一放，去别的学科弄点新方法、新模型、新技巧来跟自己的学科问题结合一下。这个方法现在很流行，交叉、跨界、融合之后，也许就会发现新的学术增长点。

# 76. 创新之处写作的细节问题

有老师提出来，创新之处列出来的三点特色与创新并不一定非得按照学术思想、学术观点和研究方法的结构来写，申报书中给的提示也仅是一种提示。大家可以按照这个结构来，也可以不按照这个结构来写。

其实既可以按照申报书中各个板块的提示要点一一列出，也可以根据自己的理解进行适当调整。这么写的好处在于，不会跑题，因为提示就是让这么写的。的确，有一些成功的申报书并没有按照提示写，因此大家要根据自己的实际情况进行权衡或适当调整。

也许有老师会说，申报说明中列出的三条创新之处，你可以写一条或者两条，也不一定非得写三条。这个道理也说得通，但保守起见，一条或者两条创新之处还是略微显少，因此建议写三到五条，而三条则是刚刚好。

当然，还要注意的地方是，特色与创新这两个层面，可以分开写，也可以融合在一起写。比如，研究方法上的特色，研究方法上的创新，这是两条内容，也可以把它们合并成研究方法上的特色与创新。

创新之处的字数不宜过多，点到为止即可。因为其实申报书的前面很多地方都或多或少地提到过这些创新之处，只是没有更直观地把它们简洁明了地呈现在评委面前，而这个地方，就为你提供了一个呈现的机会。

例 **某立项申报书创新之处的写作方式**

学术思想的创新：本课题从（ ）实践的焦点和热点——（ ）这一重要话题引发更深刻的思考和提炼，并通过理论构建将其上升到（ ）这一全新的学科高度，从产业实践和学术研究两个层面总结规律，进而提出一套具有高度概括性的假设、理论、准则和方法，即（ ）的整体框架，形成关于（ ）研究的本体论、认识论和方法论。因此本课题在学术思想上的创新主要在于通过建立起（　）的理论框架而丰富了（　）体系和研究方法。

研究方法的创新：在对（　）这一新兴交叉学科问题进行深入研究时，本课题不但将综合运用文献梳理、深度访谈等基本研究方法，而且将创造性地运用跨学科交叉研究、比较研究、大数据研究等方法，重点以（　）的核心问题为切入点，通过与计算机科学、人工智能科学、数据科学、新闻传播学、统计学、心理学、管理学和经济学等多领域的产业精英和科研精英的深入合作或深度访谈，对（　）的本质问题进行交叉研究和观点融合。

# 77. 预期成果的形式?

最主要的成果形式就是专著。也就是说，最后的结项成果应该是一本书，不需要结项前出版，结项验收之后再出版也不迟。从最终的立项结果来看，申报书填写专著这一成果形式的占绝大多数。比如2018年立项项目中，填写专著成果形式的有2142项之多；其次才是研究报告，有947项；再次是论文集，有191项；此外，还有多项研究成果组合形式的占到数十项到数百项不等。

当然，也有译著、工具书、计算机软件等其他成果形式。不同的成果形式各有优劣，建议大家根据自己的实际情况慎重选择。

（1）专著

这种成果形式的好处是比较正式，在完成研究之后形成了一本正式的学术著作，在后续评定职称的时候还可以拿来作为自己的学术成果，也是有一定分量的。更重要的是，如果这项研究的确在本领域有着一定的创新性，那这本专著就有可能是你继自己的博士论文之后最精华的思想凝结，这本专著将成为你的代表作甚至学术生涯的高峰，完全有可能伴随你的一生。

（2）研究报告

这种成果形式的好处是易操作，十来万字就能搞定。但是基础性的、理论性的研究还是不要写研究报告，研究报告更适合应用性的、对策性的研究。针对具体的社会问题或者产业问题提出非常有现实意义的观点和对策，这时候研究报告或许会更适合。

（3）论文集或者系列论文

系列论文的数量不宜太多或者太少，10 篇左右为宜，多了自己太累，少了评审专家看不过去。同时还要注意论文的级别，不宜太高或者太低，太高了发表难度太大，太低了没有分量。建议发核心期刊及以上级别的，不要要求自己必须发 5 篇 SSCI、5 篇 CSSCI 或者 10 篇中文核心，这样到后面不利于自己变通。

其他的成果形式大家根据自己申报的课题酌情而定，只要适合就是最好的。

# 78. 预期成果的使用去向?

使用去向就是研究成果将会被拿来做什么,也就是得有实际的效用。如果你提交的项目可用性不大,那很可能你的研究项目在立项环节就会被刷下来。所以哪怕字数不太多,也要明明白白、清清楚楚地告诉评审专家,在做完这项研究后,形成的成果是有明显用处的。

都有哪些用处呢?事实上,用处无外乎以下几种:

(1)学术用途

研究成果最后形成了专著、论文、研究报告,如果有较大的思想创新和观点创新,那么肯定是可以用于本学科的学术研究、人才培养、理论拓展的,所以这是一个重要的用途。

（2）政府用途

尤其是有着非常强烈的现实关怀的研究项目，比如"三农"问题，那肯定是要为中央和地方等各级相关部门建言献策的，研究成果最后要转化为现实的政策乃至具体的措施，帮助各级政府解决现实的难题。

（3）产业用途

尤其是一些应用性非常强的学科和研究项目，与产业有着非常密切的联系，其产出的成果也将为产业发展提供非常实用的指导性建议。

（4）其他用途

成果用途可能会根据不同的项目而各有侧重。大家在写成果用途的时候不一定非得按照上面所说的几条来写，但是一定要想清楚自己的成果在不同的层面有哪些不同的使用价值。

例 **某立项申报书使用去向的写作方式**

（1）为各级（）部门决策提供参考；（2）为各类（）组织的发展提供参考；（3）为各大高校（）相关专业本硕博教学科研提供参考。

# 79. 成果的预期社会效益怎么写？

预期社会效益就是成果投入不同领域之后，将有可能产生什么样的社会效益。预期社会效益和使用去向是相关联的，前者说的是成果用到哪里去，后者说的是成果用完之后能达到什么样的效果。因为成果还没有真正投入使用，所以只能说它的预期社会效益如何。

预期社会效益这里，可以适当往理想化里写，但是千万不要太夸张，否则容易陷入"假大空"的境地。

大致来看，预期社会效益可以与使用去向一一对应来写，当然也可以从学术效益、社会效益、经济效益、环境效益、文化效益等不同方面来写。具体的写法没有什么模板，但基本原则就是应该有较为明显的预期效益才行。

**例**　**某立项申报书预期社会效益的写作方式**

（1）在兼顾各方权益及我国（ ）健康发展的前提下，为国家（ ）立法献计献策；

（2）论证（ ）的必要性，以利于我国（ ）渐趋完善与有序。

# 80. 参考文献怎么写？

参考文献的要求是"开展本课题研究的主要中外参考文献"。

这里要注意两个字"主要"。就是说没必要把所有的参考文献都列上。要挑选主要的参考文献列出来，千万别把学术史梳理部分涉及的全部文献都写过来。

参考文献的罗列可以参考中外结合、新旧结合、大小结合等原则。这里不多赘述，但是有几个小细节还是要说一下，那就是我们应该怎样筛选"主要"的参考文献。

（1）经典性

应该包含与研究课题密切相关的经典性专著或论文，否则专家一看，你连这么经典的几篇文献都没有涉及，怎么去研究这个课题呢？

（2）典型性

应该包含与研究课题相关的，在学科领域内有着较大影响力和发言权的主要专家学者的文献，研究这个课题一般不可能绕开的那些专家的文献。具体的原因和策略可参照文献综述部分。

（3）时效性

应该包含近几年乃至当年最新的且具有较大影响因子的文献。若全都是陈旧的参考文献，就显得不够专业。

# 第九章

# 研究基础和条件保障

在申报书中，研究基础和条件保障被分成了五部分：学术简历、研究基础、承担项目、与已承担项目或博士论文的关系、条件保障等。接下来我们就逐条来看，怎么把这五部分内容写得精准、凝练。

# 81. 如何理解申报书中的学术简历？

国家社科基金申报书中提到的学术简历主要是指："课题负责人的主要学术简历、学术兼职，在相关研究领域的学术积累和贡献等。"

大家要注意的一个问题是：这里的学术简历指的是"课题负责人"的学术简历，而不是整个团队中所有成员的学术简历。这一点千万不要弄混。

这里给大家分析一下：你是谁？

一方面，如果你是高校"青椒"或者普通老师，那么你在你的团队成员里放了那么多专业领域的专家，这个用意其实是一目了然的，无非是想让他们给你背书、站台，这些人大多没有精力和时间参与你的课题。在这一点上，评审专家心里也很清楚。尤其是国家社科基金中的青年项目和一般项目，真正的核心成员也就那么 1~3 人，而你一定是干活的主力，其余的成员来头再大，也主要是装点一下"门面"。因此，没必要大张旗鼓地鼓吹你的团队成员有多"牛"。

另一方面，如果你本身就是有一定影响力的专家教授，那么团队成员当中基本都是你所在院系的青年教师或者自己的博士生、硕士生，他们是整个研究项目的主力军，那样就没必要再挂那么多头衔来帮你撑场面了。

# 82. 申报书中哪些地方可以体现团队成员？

（1）第一个地方

就是在申报书的最前面，团队成员那个表格里，会要求填写团队成员的工作单位、职称职务和研究专长。这个时候如果你的团队成员当中有一位成员在学界业界有很高的知名度，那么专家们一眼就能看见。如果大家并不太熟悉他，但是他的确很厉害，那就可以写上，比如，某某公司首席技术官某某某，其他的不用作过多的解释。

（2）第二个地方

就是在基本思路部分的研究计划及其可行性环节。在可行性中可以告诉评审专家，自己的项目团队成员结构（活页中不能出现成员姓名）是为这个研究项目量身定制的，大家在一二三四五等几个方面有着非常深厚的积累，使得我们这个项目在执行过程中具备非常大的可行性。

（3）第三个地方

就是在条件保障环节。虽然申报说明中只提了时间保证和资料设备两个明显的内容，但要注意后面还有一个"等"字。这就意味着可以把"团队保障"这部分加进来。因为团队成员的组成结构非常合理，团队成员的能力都很高，进而保障了课题项目能够很好地进行。

所以，大家要仔细考虑：第一，要不要突出一下你的团队成员？第二，如果突出他们一下，应该放在什么位置来重点提一下？

# 83. 课题负责人的学术简历怎么写?

课题负责人的学术简历所占篇幅不需要太长,只要将其学术生涯简单介绍清楚即可。对于那些知名度很高的专家,他们的学术生涯已经非常丰富了,事实上这类的专家正是因为大家都知道,所以其学术简历也可以不用花费太多的笔墨。

因此,学术简历应尽力做到简洁、清晰、有重点。与学术兼职相比,学术简历的要求应该更正式,就跟工作经历一样,这些年都在什么单位做过什么研究,讲清楚即可。尤其对于高校教师来说,其学术简历都比较单纯和清晰,包含其学士、硕士、博士、博士后、毕业或出站之后的就职单位、调动过之后的就职单位、出国留学、交流的高校或研究机构等。

学术简历的写法有两种:

（1）文字表述式

包括从哪年到哪年、在哪个大学什么学院什么专业读的博士研究生、师从某某教授、其间参与过多少项什么样的课题、发表过几篇什么样的论文等。如果出国的话，包括去了什么地方、合作教授是哪位、主要研究什么方向等。

（2）表格式

把上面说的内容更加精简地放到表格里，专家一看，比较清晰，有条理性。

# 84. 课题负责人的学术兼职怎么写？

学术兼职不同于教学科研主业，但其与教学科研主业密切相关，不但是由教学科研衍生出来的，而且能够促进教学科研更上一个台阶。学术兼职的范围比较广，凡是与教学科研，乃至与申报的这个国家社科基金项目有一定相关性的校外学术活动或学术合作，都可以算在学术兼职的范畴之内。

比如，期刊的编委或者审稿人，学会的副会长、理事长或者秘书长，企事业单位的智库成员或学术顾问，各类赛事或活动的评委、评审或导师等，都可以算是学术兼职。

那这就涉及一个问题，"青椒"和普通教师，去哪里搞些有分量的学术兼职来丰富自己的学术经历呢？其实就是一个原则：自己主动去发现、寻找和申请。

刚毕业的"青椒"或普通老师，没必要去嫌弃某些学术兼职没什么分量、没什么报酬，积累得多了，总会遇到有分量、有报酬的。所有的大咖也都是这么一点点积累的，我们有什么理由不去为自己以后的人生积累点学术兼职和学术资源呢？

所以，学术兼职不是等到写国家社科基金申报书的时候才来找，而是现在就应该行动起来去申请一些兼职头衔，为下一次申报做准备。

学术兼职的写法可以参照学术简历的写法，用文字描述型和表格罗列型两种。

# 85. 相关研究领域的学术积累和贡献怎么写?

这里的学术积累主要考察的是项目负责人在教学科研生涯和学术兼职生涯中究竟一点一滴地积累了多少学术成果。

学术积累包括:学术专著、学术论文、学术获奖、承担课题等,这些基本上都可以算是学术积累。我们每获得一点小小的成绩,都要记下来,这不是为了沾沾自喜,而是为了有一天要填学术积累这一项内容的时候,可以很快地找到。

**例** 很多时候将自己的前期学术成果保留存档,更能够有利于我们在后期进行学术研究和发展,如表9-1所示。

表 9-1　某课题负责人前期学术积累汇总表（部分）

| 序号 | 题目 | 期刊 | 时间 |
|------|------|------|------|
| 37 | （此处略） | 新华文摘 | 2019 年 9 月 |
| 38 | （此处略） | 中国高等教育 | 2019 年 9 月 |
| 39 | （此处略） | 现代传播 | 2020 年 6 月 |
| 40 | （此处略） | 北京社会科学 | 2020 年 8 月 |
| 41 | （此处略） | 当代传播 | 2021 年 1 月 |
| 42 | （此处略） | 现代传播 | 2021 年 3 月 |

注：本表中的序号为截取的原表中的序号。

# 86. 研究基础和学术积累重合吗?

研究基础部分要求得更明确，必须把相关成果的名称、发表或出版的信息、核心观点以及相对应的社会评价写得越具体越好，但是学术积累可以说得更全面、更丰富、更概括。比如你有相关的研究成果五六篇论文、七八部专著，但是没办法在研究基础部分全部呈现出来，只能挑最重要的五个左右的成果展示给大家。其他的研究成果就可以在研究积累部分好好表现一下。

具体的表现形式，依然可以采用文字描述型或表格罗列型。但是不管采用哪种形式，一定要注意，不是把全部研究成果堆砌在这里，而是应该对这些研究成果进行适当的分门别类以及概括总结，而不是让专家自己去挑选、发现。

学术贡献就是说已经积累了这么多成果了，

它们对你所在的学科、相关的产业以及我们所处的城市或社会，产生了哪些有益的影响或作了什么贡献？

这些贡献可以从几个不同的方面去阐释，比如理论贡献、产业贡献、社会贡献，或者更具体地说，在政策制定方面的贡献，在舆论引导方面的贡献，在新闻产品创新方面的贡献等。可以说，学术贡献就是对自己学术积累的凝练、总结和升华。

# 87. 申报书要求的前期相关研究成果怎么找?

建议大家要建立在自己的前期大量研究成果的基础之上报选题,选题可以跟前期研究成果保持一点距离,但它们之间必须要有一定的关联。否则的话,当你写到研究基础部分的时候,忽然发现没什么相关的前期成果,这不就是做了无用功?

因此我们需要有长线思维,从现在开始为你一年之后、两年之后规划几篇论文和一部专著,等那时候再申报课题,前期研究成果就有了。

前期相关研究成果的数量保持在 5 篇(部)左右就可以,重要的是,它们之间必须相关,最好是能够让评审专家从研究成果的题目上一眼就看出它们是相关的。比如研究的课题是短视频和直播,而你的相关研究成果的题目当中就有这两个关键词,这样就一目了然了。

如果没有直接相关的研究成果，那么间接相关的研究成果也是可以的。比如你的研究成果当中并没有涉及短视频和直播这两个关键词，但是研究成果中涉及了新媒体、自媒体、融媒体等概念，这样你的前期研究成果也是与研究短视频和直播课题有一定相关性的。

# 88. 前期成果的核心观点怎么写？

核心观点，就是这篇论文、这份报告、这本专著或者教材等向所有读者传达的最重要的、最精华的、最有见地的学术观点。如果换做小学语文的话，那就应该是中心思想。

这里大家要注意，既然给了机会让展现一下自己独到的见解和观点，那么即便做不到振聋发聩，那也要争取让评审专家眼前一亮，否则，真就浪费了这大好的机会了。

怎么处理好研究成果的题目与核心观点之间的关系？建议是，凡是题目能够表达出来的意思，就不要在核心观点里复述一遍了，把那些题目不能反映出来的创新观点，好好凝练一下呈现给评审专家。

当然，一些申报者可能有非常多的相关前期研究成果，建议把研究成果的名称分门别类地按照一定的逻辑呈现给专家，然后对每一类别的研究成果的核心观点进行描述，或者在罗列完研究成果之后，对所有的研究成果的核心观点进行一个整体的描述。

# 89. 前期成果的社会评价怎么写?

社会评价可以分为可量化指标和不可量化指标。可量化指标主要包括收录、引用、转载、获奖、转化等。

不可量化的社会评价可以适当有一些，比如你的学术成果是不是受到了学术同仁的关注与认可，是不是在业界引发了一定的反响，等等。这部分没有什么模板可以参照，只要是较好的社会评价，都可以放上去。但是千万不要自吹自擂，一定要尽力做到相对中肯，切忌夸大其词。

当然，如果专著在出版的时候有业界大咖或者学界专家为你写推荐语或者推荐序的话，就可以把他们对这部专著的认可和赞誉的原话抄上去几句，比起自己总结的那些抽象的非量化评价，“原话”要来得更实在一些。

# 90. 已承担项目怎么写?

承担项目指的是"负责人承担的各级各类科研项目情况,包括项目名称、资助机构、资助金额、结项情况、研究起止时间等"。

这部分的写法没有什么太多的技巧,按照申报书要求的来列就行,形式是条例化的文字描述或者整合成表格罗列出来,建议采用后者,清晰简单。

但是有几个点需要适当提醒大家一下:

(1)要在表格或者描述当中增加一个要点。就是你本人在这个项目当中承担了什么角色,是项目主持还是参与等。

(2)承担项目的排列顺序。原则上按照主持、参与的顺序来排列。如果主持或参与的项目都比较多,再按照重要程度由重到轻,或按照立项时间由近到远的顺序排列,是比较合适的。

（3）列多少个项目比较合适。其实相关的研究项目可以多列几项，但是切忌列与你申报的这个课题题目或研究内容高度相似的研究项目，所列的相关研究项目一定要与申报的这个项目存在明显的相关和差异。如果实在没有项目可列，可以列上去几项不太相关的。已经结项的项目可以多列几项，正在研究的项目一定要挑重点的列上。

# 91. 与已承担项目或博士学位论文的关系怎么写？

凡以各级各类项目或博士学位论文（博士后出站报告）为基础申报的课题，须阐明已承担项目或学位论文（报告）与本课题的联系和区别。

要分两类来看：

（1）你此次申报的课题跟之前的课题或者博士学位论文没有任何关系，它们之间有着较大的距离。这个时候填写"无"，或者"无关系"就搞定了。

（2）你此次申报的课题确实跟自己此前的项目或博士学位论文存在着一定的关联。那就千万不要去回避，硬说没关系。这个时候一定不要用已经完成的其他项目成果或者博士学位论文直接来申请高度相似的国家社科基金项目。如果不属于这种情况，那么接下来无非就是要怎么写清楚它们之间的联系和区别。

一条讲联系，一条讲区别，每条列三个左右的要点。简明扼要，你能说得清，专家能看得明，就行了。字数不宜太多，一两百字就可以。

# 92. 条件保障怎么写？

条件保障是指"完成本课题研究的时间保证、资料设备等科研条件"。

所以到申报书的这最后一个文字表述环节，基本上就是要考察你能不能真正按照前面所说的那样，漂亮地完成这项研究。而完成这项任务，专家主要想看到的就是时间保障和资料设备保障。

先说时间保障。有些课题会明确地问一年下来你作为课题负责人真正能够投入到课题研究中的时间会有多少个月？虽然国家社科基金的申报书没有这么直接问，但它依然要看课题负责人以及你所组建的团队，是不是真有时间和精力来完成这项课题。

资料设备保障就是说进行此项研究所需要的各类相关学术资源和资料，以及相应的软硬件工具和设备。这里大家要从自己所在的学院、学校和城市方面来好好挖掘。

此外，除了申报书要求的时间保障和资料设备保障之外，还有一个"等"字。这就意味着，你能想到的其他保障条件，也可以写在这里，以便能够打动评审专家，将这个项目放心地交给你。

## 例 某立项申报书条件保障的写作方式

时间保障：课题负责人及团队成员均为已经获得博士学位、硕士学位或者正在攻读博士学位的青年科研精英，他们受到家庭、职业或社交等诸多方面的干扰相对较少，也没有承担大量其他各种类型的横向或纵向项目。因此，研究团队有着充足的科研时间和充沛的科研精力，能够专注于本课题的研究，形成高质量的研究成果。此外，青年科研人员对于本课题相关的人工智能、机器学习、大数据、云计算、物联网、智能媒体等新思维、新理念和新技术有着较高的敏感性，因而更有可能提出新鲜的学术观点，保证课题研究的创新性。

资料设备保障：本课题的团队成员集中在北

京、深圳等一线城市，能够快捷地从国家图书馆、北京图书馆以及清华大学、北京大学、中国人民大学等高校图书馆借阅大量的学术资料。同时，北京和深圳也是国内科研实力最雄厚的高等院校和国内一线互联网企业的聚集地，课题团队成员能够方便地走访高校学术精英和产业实战精英，并从他们那里获取最新的学术成果和产业动态，从而保证了科研资料的权威性和时效性。课题负责人所在的（ ）大学将为课题研究提供充足的设备和技术保障，学校是（ ）人才培养模式创新试验区，本研究将依托设立在学校的与人工智能、数据、信息和技术相关的多个国家或省市重点实验室，为课题研究提供坚实的科研设备保障和技术人才支持。而课题负责人所在的（ ）学院同时兼具了（ ）等方面的科研优势，能够为本课题的研究提供丰富的科研人才和科研资源。

研究手段保障：课题负责人不但有着较为深厚的理论积累和学术素养，而且结合学校信息技术的优势学科特色掌握并增强了关于人工智能、数据科学的研究方法和手段，能够较好地将（ ）和数据科学的研究方法和手段在本课题中有机结合、融会贯通。课题组成员能够综合运用多种研究方法对课题展开充分的、深入的、有针对性的研究工作，同时将借助人工智能时代的大数据、新媒体、智能算法、深度学习的理论、技术和模式找到研究的突破口。研究新问题需要在常用的研究方法、研究手段和研究工具的基础上融合新的工具和手段，由于课题组成员都是青年科研力量，掌握新工具的速度快，因此，研究团队有能力综合运用常规手段和新手段展开课题研究。

# 第十章

## 申报书润色过程中的细节问题

## 93. 封面与标题需要注意哪些细节？

这里提醒大家，如果申报书设置好了格式和字体，就千万不要再自己去修改，否则无异于画蛇添足，甚至有可能适得其反。

还有一点，我们除了会申请国家社科基金项目外，还会申报各类其他社科项目，那些申报书可能未必像国家社科基金申报书这样设置好格式和字体，所以到时千万要注意自己把封面设计好，给人留下一个美好的第一印象。

## 94. 为什么要认真阅读填写说明、注意事项？

国家社科基金申报书撰写过程中的几项提示，相当于题目说明。其中，选题指南当中的说明部分，详细地向我们提示了大量的信息：指导思想、申报条件、资助金额、周期年限、申报方式、截止日期等，你想知道的问题，基本都在这个说明里面。

看完选题指南之后，再看申报书的填写说明、注意事项，还有活页的说明，里面有很多细节性的要求。

# 95. 申报书数据表需要注意哪些细节？

（1）项目类别

其中有几项选择分别是：A.重点项目；B.一般项目；C.青年项目；D.一般自选项目；E.青年自选项目。

建议是，如果你对选题指南中的某个题目进行了较大的改动，这时候你就要说是自选项目，避免后面去解释自己是根据选题指南当中第几条来定的选题，加了什么概念、删了什么概念。

（2）课题组成员的工作单位和研究专长

这一点需要引起大家的注意，就是在组建课题团队的时候，就要非常清楚自己的团队需要来自什么领域、什么单位、擅长干什么的成员，切忌胡子眉毛一把抓。有价值的课题组成员，他所在的单位和他本人的能力范围都能起到加分的作用。当然，有时候自己所在的单位实力和影响力可能没那么强，这也没关系，关键看你能不能找到适合做自己这个课题的团队成员。

（3）预期成果字数

需要注意的是"千字"还是"万字"的要求，以免后续出错。

# 96. 申报书表二和表三的文本格式如何统一？

表二是课题设计论证，表三是研究基础和条件保障。无论是哪个表格，都在下面列了几条核心的内容。这个时候在行文的过程当中，我们就应该注意格式了。

因为格式一方面展示的是层次感，有层次才会看上去比较清晰，一目了然；另一方面展示的是逻辑性，各个小标题跟大标题之间是什么关系，小标题与小标题之间是什么关系，一级标题、二级标题、三级标题之间是什么关系，哪里是重点，哪里是主要观点等，这些都通过格式才能够更好地反映出来。

（1）基本格式

关键是要做到通篇一致，比如，如果用一、（一）这种标题格式，那么你就都用这类的，千万不要在汉字、阿拉伯数字、英文字母等不同格式之间跳来跳去，这样会让专家看起来有点懵。

建议就用"1."和"1.1"这样的结构，如果下面还有一级标题，那就继续用"1.1.1"来写。

这样做有几个好处：

一是已经给定了阿拉伯数字，按照这种方式来写，一般不会出错。

二是编号方便书写内容，专家也清楚你写到第几条的什么地方了，容易识别。

如果想解释一下选题题目，那么直接在"1."之前写一段文字就可以了。写论文要有头有尾，解释题目的这段文字就是头，就是个题解。

（2）学术史梳理

注意，要在梳理的每一篇文献或者每一句引用后面，用括号把作者的名字和年份加上去。这个时候要注意，中文和英文作者的名字用什么字体看起来更优美、更好看一些。中文作者名字建议用宋体，英文作者名字可以用 Calibri 字体，也可以适当选择其他字体，比如 Times New Roman 字体。如果你想突出核心观点或有价值、有原创性的内容，就把那句话的字体加粗。

（3）图和表

一定要记得给图和表分别编号，比如图1、图2……表1、表2……

# 97. 校对工作是怎样的?

校对工作建议进行三轮:第一轮自己校对,第二轮别人校对,第三轮打印装订校对。

(1)自己校对

申报书写完之后,马上校对一遍。按照7 000~10 000字来算,校对大概需要45分钟,可以把错别字、标点符号修改一下。第二天醒来,再花45分钟校对一遍。一周之后,再花45分钟校对一遍。坚持下去,直到最后提交申报书为止。

(2)别人校对

光自己校对还不够,还应该找别人一起校对,可以找自己的硕士生、同一个办公室的同事、科研副院长……这样每个人帮你看一次申报书就能找出一些问题。所以一定要找人看你的申报书。而且,无论是你自己看,还是别人帮你看,都要把申报书打印出来，这样方便在看的时候作修改。

（3）打印装订校对

打印装订是校对工作中不可或缺的一部分。

在打印之前，一定要将申报书和活页存成两个版本：一个是 Word 版本，一个是 PDF 版本。因为自己的电脑跟打印店的电脑安装的软件可能不一样，你安装的可能是 WPS，打印店安装的是 Word；你安装的是 Word 2007，打印店安装的可能是 Word 2017，只要软件不同或版本不同，文档的格式就有可能会变化。在这一点上，千万不要抱有侥幸心理。所以，两个版本存好了，再装到 U 盘里送去打印店打印。

将申报书打印出来，装订好之后，就开始一行一行地看，然后好好地改格式。

**例** **申报书校对的主要方面**

重点校对：内容的连贯性，主题的鲜明性。如果你不能确定可以让读者一下子就能读出主题的话，那就改到主题突出为止。

正文校对：主要针对正文部分进行校订。一定要保证正文部分的文字能清楚而准确地支持你的观点，思路要清晰，用语要准确和有力度。

拼写校对：校正文中的拼写错误或者是语句使用错误。任何一个人都不希望看到有拼写错误的文章，出现拼写错误只能证明你不上心。

# 98. 国家社科基金评审的进度是否可以查询?

不可以查询,最起码目前没听说过可以在线查询。有些通过在线系统申报的项目或许是可以查询的,但目前国家社科基金尚未完全在线办理。

其实,能否查询的重要性没那么大。因为在你提交了申报书之后,就应该投入到下一个项目、下一篇论文、下一件事情中去了,无须花精力在这件事情上。等到国家社科基金立项公示那天,发现自己居然入围了,还能收获点小惊喜。

## 99. 国家社科基金立项公示之后还有什么程序?

立项公示之后,全国哲学社会科学规划办公室会通知各个学校,各个学校会通知项目负责人,在管理系统上填写项目预算。这个时候,如果没有特殊原因,建议按照提交的申报书中的项目预算来填写。如果觉得当初的预算尚有部分不太合理的地方,那么也可以进行适当的调整。当然,在项目研究过程中如果发现实际的支出与当初的计划略有差异,也可以提交预算调整申请。

# 100. 什么时候结项会比较好？

应尽可能地按照自己当初设定的研究计划进行推进，按照预期的结项日期进行结项。

青年项目和一般项目在研究过程中，需要注意提交中期材料。通常在立项之后的一年或一年半左右，各个学校的相关部门会提醒项目负责人提交中期材料。

按时结项的好处在于可以放心地去安排其他事情。同时，还可以在结项后继续申报下一个国家社科基金项目，或者申报教育部人文社科项目。如果国家社科基金项目不结项的话，教育部人文社科项目是不能申报的。